JN408940

삶의 언덕에
꽃등이 켜질 때

삶의 언덕에 꽃등이 켜질 때

| 김효태 시집 |

도서출판 천우

삶의 언덕에 꽃등이 켜질 때

脈은 흐른다

갈뫼산을 든
산은 맥을 이루며
祖國으로 흐른다 하는데
계곡에서 곡예하는
물줄기는 漫行을 위해
詩상을 하니
내 가슴에 흐르는
혈맥은 祖국으로 흐른다
연불을 하는 맞나

운비 김효태 시인의
맥은 흐른다

共感

운비 김효태

地獄에서는
만남을 ...
天國에서는
하품을 하는데
宇宙의
눈은 태양이요
사랑은
人類의 별이다

등롱처럼 살라하네

♩=88 물 흐르듯이
김효태詩 노정숙曲
mf
지리 - 멸렬한 세파의 -속에는 처음부터길 은 없었느니라
새 길 을- 만들면 -서 개 척 하- 네
기다릴줄아 는 사람들 -은 세속의현자이기 도 -하니까
천상계단을 오르는마음은 세상에풍 경이 몰입되어서 쉼없이달려온 지난- 세월도
마음을주고정을 주는것 -은 삶 - 의 옹 - - - - 이 우려내지못- 하 듯
가 - 슴 - 에 평 - 화를심- 는 심 - 연 으- 로
계 절-의 언 어들-이 낙 엽빛 깔- 에 새겨두고픈 등 롱으 - 로
살 - 라 - - 네

| 차례 |

제1부 들꽃 공주

제2부 기댈 곳이 있는 꿈이 있기에

제3부

메아리가 없는 사랑은 미소가 없다

제4부

구름 위에 구름의 길도 있다

제5부

헤젤리흐

제6부

우리 안에 너희가 있다

제7부

당신이 살아가야 할 이유는

제8부

천천향(天泉香)의 노래

시예술상 수상시(황금찬 시인)

제1부

들꽃 공주

맥(脈)은
가부좌를 틀고
산은 맥을 이루며
천하를 호령하는데
계곡에서 곡예 하는
물줄기는 만행을 위해
시 낭송을 하니

내 가슴에 흐르는
혈맥은
천수를 누리듯
염불을 하고 있나

들꽃 공주

무심천에 가슴으로 피는
들꽃 향미(香美)의 군무
영혼에 기(氣)를 불어넣어
미풍과 손을 잡고 나래 치는
그대의 숨소리를 품은
순결의 화신인가?

모진 세파에도 꺾이지 않고
빛의 선율로 피아노를 치는
그대의 몽환 구름 그네를 타고
우주 만상을 찬미하는가?

그대의 향기 품 안에 품고서
전설처럼 노래하는
비파 소리의 운율은
그대의 입술, 모자이크인 걸
들꽃 공주의 산실은 심장—

♥ 당신은 침어낙안(沈魚落雁)일세

—2017. 9. 1.—

생명의 산실

천지는 하나의 공동체로
생명은 자연과 맞물려진
산실로 에너지의 모태다

빛의 관조로 섭생하는
흙과 물과 공기는
뭇 생명체를 잉태한다

자연은 서로 교감하면서
거짓도 시기하지도 아니하고
차별 없는 겸손과 미덕으로

서로 아우르며 동행하는
유무형의 에너지는
삶이란 원천의 모태다

자연은 키워드에 따라
순리와 우주의 질서로
서로 아우르며 베푸는
천상의 무루인(無漏因) 메시아다

삶이 나를 속이더라도

고사목은 설산의 정수리에서
키를 낮추고 울고 있는데…
뱃살이 등에 달라붙은 사람들
굴비처럼 꼭 다문 입은
빈 둥지의 증후군으로
긴~ 빨랫줄에 눈물을 말리고

저수지가 홍수에 물량을 이기지 못해
방죽이 툭~ 터지는 여름날에
갇혀 있던 물고기마냥 신이 나는가 보다

빈손인 내가 석류꽃 보석이 떨어지는
오수의 미동에 잠꼬대를 하는가?
등대가 빛을 발하는 경량의 길은
숨 막히는 공간의 길에서 서성이며
풍선 같은 마음은 웃고 울고 있는가?

끝이 보이지 않는 사막의 광야에서
잔잔한 여울의 금빛노래를 부르고 싶다
서로가 가슴에 횃불을 지피듯이…!

혈류를 가슴속 레일 위에 얹어놓고서
하얀 밤을 지새우던 그~날
낙타가 바늘귀를 뚫듯이
쌍불을 켜고 하늘을 우러러본다

출렁거리는 '충남 서천'의 황해바다에
하얗게 뼈를 묻는 삶의 질곡에서
못다 한 사연들을
저녁노을 스치는 바람 속에 속삭이듯이
나선형의 여운만 남기는
소라껍데기의 소망의 외침처럼
대지가 잉태한 자연의 새싹이 되어
들꽃으로 피고 지고 살고 싶다

강 건너 반딧불을 바라보니

고향은 모태의 부적이요
생명의 씨줄이 아니던가?

석양에 단풍이 들 때
내 영혼의 꽃집에는
언젠가 이승과 사별한다 해도
강 나루터의 노을처럼
영혼의 닻을 내릴 수 있는
요단강을 건너갈 때의 꿈은
점유물로 세상에 남기고 가리라

욕망에 출렁이는
사방팔방 벽에 갇힌 출구를 찾듯
세월의 무늬를 새겨가는
자연바람과 빛이 만들어낸 소품들

우주질서 순환의 어둠 속에서
회색도시의 빛을 삼켜버리면
눈물로 강물이 되어 흐르니
목마른 한 소절의 춤사위로
내 영혼의 꽃을 잠재우리라

임의 비파 소리

그대가 상형문자로 조어를 품고
눈꽃의 타임머신을 타고 오는
하얀 시선을 맞바람으로
하늘을 움켜잡고 바다에서 스키를 타고
나무 위의 출렁다리로 서커스를 하며
연민의 스킨십(Skinship)만을 꿈꾸는
내 마음 안에 흔들리는
숨은 바람을 잠재울 수가 있을까
회오리바람으로 꼬아지는 세상사

바람꽃의 울부짖음도
내 안의 숨소리가 향기로 다가오고 있다
청보리밭 그림자가 노을빛으로 출렁이면
하늘과 호수의 합창 속에
텃세를 부리며 호사를 누리는 너,
아무리 밟아도 본모습을 흐트러지지 않듯
보이는 것만이 전부가 아님을 일깨워주는
길손의 질경이로 우뚝 서서
하늘을 우러러 싱그러운 마음으로
벌새로 공중부양을 하여 나래를 치누나

샹그릴라*

햇살이 부르르 떨며 쏟아지는 곳
참새가 구름을 쪼아서
침묵으로 몸을 키우니
발바닥은 간지럽고 시리다

까마귀가 우짖다가 가는
마음 부서지는 비명은
요란스럽고 간사한 것
메스꺼운 가슴을 열고서
지난날의 눈물과 웃음은
말발굽처럼 나래를 친다

팽이처럼 매를 맞고서
지구를 돌고 도는가?
지금 살아 있다는 것을
눈 감고 세상을 바라보니
산다는 것 실감나지 않아
천상에서 도깨비방망이를 들고
해와 달에 손짓을 한다

* 샹그릴라 : 티베트어로 '마음속의 해와 달' 이라는 뜻이다.

별리의 꽃 세상 속으로

빛의 여신을 품은 해바라기
달님을 마중 나온 달맞이꽃
바람 언덕 위에 피는 바람꽃
산 너머 자비 미소 짓는 양지꽃
하늘바다 별 낚시하는 무지개

봄을 일찍 깨우치는 복수초
아침의 창을 여는 나팔꽃
안테나를 열고 있는 접시꽃
천방지축 빈자리의 개망초꽃

노루가 달고 나온 노루귀꽃
기쁨을 전하는 마타리꽃
피 흘려 순교한 노랑매미꽃
영혼이 반짝이는 쇠별꽃들은

가슴을 열고서 서로서로가
자신 특유 향으로 서로 부르며
손 맞잡고 술래잡기 놀이하는
평화무드는 천상의 낙원인가?

어울림

내 안의 가슴앓이로 품은 사연
끝내 감추지를 못하고
춘곤증에 잠든 입덧으로
눈망울을 깜박이며
초롱초롱한 별빛이 되어
모닥불 지피는 꽃 수술 방긋 웃는다

삶의 굴레의 경사에 미끄러지는
햇살처럼 내 심장을 뛰게 하는
비단길을 밟고 마중 나온
달님처럼 처연하던가?

삶의 향기가 허공에 미끄러지듯
바람의 길라잡이가 앞장서서
연등의 꽃 편지를 쓰고 있다
바다의 파도가 꽃을 피우듯이
찐 옥수수 하모니카를 불면서
나루터에 묶인 조각배를 띄우리라

가슴을 치유하는 것

꽃이 아름답게
보이는 시각은
벌과 나비가 있기 때문에

그대의 미소가
아름다운 것은
입술에 향기가 담고 있기 때문에

그대의 목소리가
옥구슬같이 고운 것은
가슴에 비파가 흐르기 때문에

그대의 얼굴이
꽃처럼 빛나는 것은
마음 안에 신비가 있기 때문에

그대의 가슴이
뜨겁고 따뜻한 것은
사랑을 꿀 항아리에 담고 있기 때문에

꽃잎이 떨고 있을 때

해와 달을 닮은
꽃은 길손들에게 미소로
기쁨과 꿈을 심는다

바람은
꽃잎을 흔들어대도
소낙비가
꽃잎을 떨어뜨려도
임의 길목에서
맑은 미소로 마중 나와서
애무의 춤을 나풀댄다

찬 서리가 대지를 뒤덮어
꽃잎을 고사시켜
생의 회한 눈물을 흘려도

지나가는 바람에 몸을 맡겨
분수로 자손을 뿌려서
영원무궁한 꽃밭을 만든다

교향곡이 머무는 자리

봄이 온다는 곡진한 마음으로
한 움큼 남은 질곡의 인생 계급장
방향을 잃은 나그네의 이정표는
탐욕과 성냄도 없이 푸르게 살라 하지만
낙조가 집시로 허우적거리는데

마침표가 갈무리하는 하늘을 본다
햇살구름날개가 떠오르는 무주공산
유령이 춤을 추듯
바람의 가면에 넋두리를 잃고
그리움의 씨앗이 맞바람이 되어
붉은 울음을 토해내는가?

사랑의 미로는
선비가 낙향을 하는 마음처럼
마술주머니에 돋아나는 퍼즐로
신과 소통을 하며 숨을 쉬는
천국문을 북을 치며 두드려본다

연어

내 어미가 전설처럼 나를 품어준
그 자리가 내 어미 역시 할미가
고향을 만들어준 애향의 숲이다

돛단배처럼 수만 개 천의 얼굴로
거센 물살의 바다와 강을 역류하며
천륜을 못 잊어서 청량한 실개천
굽이굽이 흐르는 탯줄을 타고
달빛노을 속 은빛비늘 묻어둔 곳으로

명경 속으로 가슴만 반짝이면서
고요 속에 은모래와 속삭이는 곳
고향의 나루터를 건너가는
주마등 애향의 모태에서
자손의 혈류를 꽃가루로 뿌려놓고는

본향에서 천세세세 영혼을 꿈에 묻는
살신성어(魚)의 혈류로 강을 열어주는
모성애가 슬기롭고도 처연하다

신들의 정원처럼

신호등만 잘 지키면 될 줄 알았지만
내 마음속 언어의 빛깔로
노을을 부를 수는 있으나
해바라기는 빛을 가슴에 담고도
노를 저어갈 수는 없을 테니까
사랑의 향주머니를 열어두면
시기와 질투뿐일 것을
욕심은 갈 길의 발목을 잡고
귀뚜라미가 청아한 연가를 부르니
통곡의 바다는 피눈물로 내려앉을 때
가면 뒤에 숨은 위선자들 훈풍으로
영혼이 공중부양을 하듯
협곡에 숨겨둔 신들의 정원에서
침묵으로 일관하는 나무들
깨달음의 무량이 가물가물해서
온몸의 세포가 돋아나듯
사랑의 닻을 깊이 내려놓았습니다
침묵에 갇혔던 빗장이 입술을 간질이듯
자석의 극과 극은 문을 여는 것으로
자연은 인간을 기만하지 않을 테니까

타임머신 속으로

날개를 접은 새가 울고 있는데
공원의 풀잎은 머리를 들고 있다
호수공원은 구름 따라서 승천하고
종달새는 꽃을 물고 공중부양을 하니
뭉게구름은 산을 넘는 파도를 타고
뻐꾸기는 슬피 울고 있다

낙화유수는 긴 편지를 보내고
하늘문은 열리지 않은 채
하얀 천사가 내려오고 있다
별이 잠기는 호수에는
유리거울을 닫고 있다
별은 밤하늘을 지키는 파수꾼이지만
그러나 바람은
눈과 귀가 없는 무아지경이다

사랑의 꽃잎은 구름꽃밭을 달리고
하지만, 꽃은 천사다
꽃은 무덤이 없는 이방인일 뿐인데
파도는 슬픈 발자국을 지우고 있다

바람에 흔들리지 않는 꽃은 없다

꽃은 소리 없이 꽃을 피우지만
새는 울어도 눈물이 없다
사랑은 불타도 연기가 없는데
가뭄에 가슴이 바짝바짝 타들어가듯
애련한 마음을 심장의 발밑에 내려놓아도
영원히 치유할 수도 되돌릴 수 없는
삶의 질서와 영혼을 노래한다
세월이 기다려주지 않듯이
자연은 기만하지 않는다
이승저승 요람인 연금술처럼
생의 리듬이 있기에 기쁨과 미움도 있어
우주의 질서로 무변하는 광대놀이로
영혼의 등불은 아픔이 삭아 점등한다
메아리 없는 소꿉장난이 세상에 발효되면
번지 없는 무색천 쉼터의 공허일 뿐일까?
한번 가면 다시는 되돌아올 수 없는 곳

이~ 세상을 하직하는 날은
누군가가 나를 초대하며 기다리고 있을까
삶이란 세월을 비켜갈 수 없는 숙명으로

풍광

햇살에 간지럽게도
기울이고 귀로 듣는
숨죽이며 뿜는 향기
꽃잎의 연가를
심호흡하는 풍경 소리가
바람을 재우는데
지순(至純)한 사랑은
꽃을 피우지 못한
그대의 등 뒤에서
애절함이 흐른다

개똥밭에 굴러다녀도
저승보다는 이승이 좋다고
생자필멸(生者必滅)이 오기 전에
지금의 삶을 뒤돌아보는
그 존재의 빛깔이나
무게도 거듭 헤아리며
기댈 곳이 있는 꿈이 있기에
한 줌의 조화(造花)가
그들의 영혼을 위로하리니

해거름

오뉴월 푸르름의 체증으로
뼈다귀만 앙상한 겨울나무들
주막집의 램프불이 켜질 때
강(江)의 경계선에서
발등을 찍고 있었다

내 눈동자 속에 가둔 그 사람
갯바위에 옷을 벗어 놓고
월광(月光) 욕을 하는 파도처럼
초대받지 못한
긴~ 그림자를 안고 가는
해거름이 돋아나니
문풍지가 바르르 떨고 있는
소맷자락에 걸린
그대 목소리 발자국 소리

저녁노을의 꽃봉오리를
자분자분 밟고 가는 나그네
바람의 정수리 위에서
곱게 빗질을 하며 가고 있다

천상의 순명인가

햇살이 마음의 문을 열면
산사의 풍경이 일렁이고
하늘의 산실은
똬리를 틀고 있는 그리움들
마음속에 쌓인
작은 찌꺼기까지도 털어내고 싶다

빛이 가슴에 따라 일렁이면
분장한 숲은 색깔에 취해 춤출 때
계절은 지우개로 지우고 있는데

우리네 삶의 질곡은
가는 길 바꾸는 좌표는 어디인가?
자식들에게
자양분을 다 내어준 노인들은
가슴의 자명고만 두드리는데
번뇌의 낙엽은 이슬방울로만 여민다

꿈을 캐는 바다

하늘에 링거의 줄을 잡고
바다의 밭에서 꿈을 캐고 있다
바다의 빛을 알리는
눈물 흘리는 동백꽃은

'충남 서천'의 동백정에서
무도회를 알리는
물새 발자국을 따라가면

모세의 기적으로
파도 위에
꿈의 삐라를 뿌려놓으면
파란 하늘에서
갈매기가 참선을 한다

괴물로 용솟음치는 서해바다
폭풍광란의 노도 위에서
가인을 풍자한 종이배는
노을처럼 춤을 추는
뱃고동 소리가 정겹다

그곳에 가면

호수에 물수제비의 발자국이 있다
형광비단으로 길을 열어놓고 있는데
허공의 미간(眉間)은 웃고 있다

장미꽃의 분화구처럼
아담과 이브는
목구멍이 포도청이라니 어찌하여
풍요가 넘치는 가을 하늘 아래에서

목마 탄 왕자로 하늘을 날고
새색시 연지곤지 찍은 단풍빛으로
한 쌍의 두루마리로 뭉쳐져
원앙으로 둥지를 틀고 있구나!

바람은 축가로 덩달아 춤을 추니
심장의 맥박 소리만 박동 치는구나
살신성인인 과녁의 까치놀은
내일을 위한 빛으로 발광하고 있다

새로운 세상으로 자맥질하기 위해서

제2부

기댈 곳이 있는 꿈이 있기에

공감
지옥에서는
반성문을 쓰고
천국에서는
환몽을 하는데

우주의
눈은 태양이고
사랑은
인류의 열매다

고향별곡

김효태 詩
노정숙 曲

환청 속에 들려오는 임의 발자국

그 파란 하늘과 구름을 닮은 임의 조각달이 그립다
초가지붕의 천장을 뚫고 솟아난 섬 하나
반짝이는 눈동자는 붉은 레이저 꽃처럼 피워
그리운 임을 닮아서 향기가 참 아름답습니다

시간과 공간을 넘나드는 그대의 숨소리가 들리듯
모래시계 위에 선, 임의 영역이 아닌가 하면
하늘의 구름을 타고 오는 선녀로 보이기 때문입니다

지난날의 무풍지대 속에서 꿈도 많고 모험심도 많았던
임의 신화가 머릿속에 감돌고 가물거리는 목소리가
물보라처럼 깊은 생각에 상상의 나래를 칩니다
그러나 격량의 세월 상처는 치료하면 낫겠지만
그 흉터는 영원히 징표로 허공의 반딧불이 허망은
내 눈앞에는 항상 도전이 기다리고 있을 뿐입니다

허나 인생사는 기찻길의 평행선이 되는 그 날도
기다림의 소실점에서 그대를 다시 만날 수 있듯이
삶이란 안전망을 어떻게 투영할까 하는
중세시대의 생각처럼 줄지어가고 있기 때문입니다

기댈 곳이 있는 꿈이 있기에

침묵하는 세상의 전조등처럼
그리움을 흔들어서 한 줄기 바람은
귓불을 만지작거릴 때
추억을 먹고 사는 우리네 인간사
색안경으로 보는 세상은
눈물짓는 저녁노을은
마치 누이의 빠알간 입술처럼
눈과 마음으로 가슴을 두드린다

별빛의 구미호가 사라질 때
그리움으로 텅 빈 가슴을 채우려고
소중한 인연의 고리 만남의 소멸은
예고 없는 이별의 무풍지대가 아니다
삶이란 이별의 연속이니까

우주의 오묘한 순환법칙은
하늘엔 별, 땅에는 꽃
인간에게는 사랑을…!
자연은 사람을 들었다 놓았다 하는
전율이 흐르는 넋을 품고 있는가?

세월의 강, 저~편에 서 있는
마음의 빈자리 외로움이 차오르고
생명의 끈을 놓지 않으려는
들꽃들이 달빛 속에서 깜박거리는데
햇살이 찍어놓은 발자국마다
천(千)의 얼굴을 가지고 있다

시공을 넘나드는 요정의 큐피드(Cupid)는
마음의 창을 열고 보면 눈빛 속에도 길이 있다
소우주는 생명의 질서 속에서
서로의 역할을 바꾸어가면서
관용과 용서하는 마음으로 살자
전설처럼 구름바다가 떠도는
산~ 너머에는 기다림의 꿈이 있고
푸른 달빛은 전사처럼 몽환의 욕망은
햇살의 화신같이 부풀어가는
사물놀이로 풍광이 피고 지고 있기에
그 욕정으로 꿈을 키워가고 있듯이

봄 피리

봄은 발레리나로
아지랑이를 손잡고
아장아장 걸어온다

내 머리카락을
흩날리며 나래 치고

내 콧등에 스미는
향기가 돋아나면

내 입술에 살포시
입맞춤을 하고 가네

내 귀를 간질이며
웃으면서 속삭이네

바람의 영혼은
엄마 손, 아빠의 발이다
내 가슴에 부화하는
신기루처럼~!

춘탈의 무드

바람에 정처 없이 흘리는
살점 같은 한 알인 기억의 포자
입김이 데려다준
간질병이 도졌는지…

꽃 거품을 입에 물고
경련을 일으키며
춘양에 비틀거리는데…

임은 오려는가?
밤도둑처럼~
담벼락을 넘어올까?

거울망루에서

하늘이 얼굴을 붉히고 나면
상처 난 햇살은 하혈하며
피눈물을 쏟고 있다
선홍의 장밋빛 피를 토하는
고뇌의 배설물을 펴내니
어둠 속의 멀미가 스멀거리는
억압된 자물쇠를 채워둔
노을이 홰를 치고 있다

새날의 연등을 연출하기 위해
바다의 귀를 열어본다
바닷가 모래알 같은 꿈을 꾼다고
무릎을 꿇고 용서 비는 마음으로
새벽 창을 여는 수탉이 소프라노를 불면
참새 떼들이 축하비행을 한다

우주의 질서를 유지하기 위하여
나는 유리 벽에 마주 서 있다
그리움의 씨앗 하얀 빗장 풀고서
내 가슴을 후벼 파고 있다

주술사 바람은

광야에 누군가 기다림의 기도처럼
미명을 밀어내고 움트는 씨앗은
냄새 색깔 입 꼬리 날개 몸통 없는 무형으로

그러나 초능력을 가진 마(魔)의 여신은
세상에 지각변동을 일으키는 너
허나, 강약이 힘의 균형으로
강(强), 온(穩)의 열기구처럼 파문을 열고
늘~ 빈 공간을 채워주는 주술사

우린 붙잡을 수도 놓아줄 수도 없는
신의 귀를 달고 세상을 평정하는 것처럼
우리 인생사는 출렁이는 바람처럼
기쁨도 고단함도 불꽃처럼 파도처럼
우리는 바람의 정원 속에 숨 쉬고 있다만

바람은 우주를 판도라 상자 속에 끌어넣는가?

봄의 휘파람

봄에 처녀가 바람이 나듯
눈먼 바람은 안개꽃으로
봄을 몰고 올까
공중부양 종달새 나래 치듯

내 심장을 두드리듯
시린 옆구리에 휘몰아놓고
텅 빈 가슴에 불타듯
흐느끼듯 흐느적거리며

눈물을 펑펑 흘리는 꽃비
바람 피리 소리는 에두르다
천지를 뒤흔들어대니
사랑도 영혼도 흐느낀다

연분홍빛 그리움도
좌불안석의 깃발도
마음 단풍 물들어가듯이
봄 햇살에 그네를 타는가?

비밀의 문이 열리면

물안개가 가물가물한
덫을 치고 사는가?
꿈속에 환몽을 하는 그대는
베일을 벗고 서 있는 너

무주공산에 떠돌며
갈증만 되풀이하는 해수처럼
철새가 날개를 접는 날
사랑도 울부짖고
꽃바람의 꿈도 뭉게구름 위에 떠도는
나룻배 가슴에 돛이 일렁이면
그리움의 바람이 되어
천수의 감로수를
요술 항아리에 가득 채운다

꿈나라에서 가슴을 두드리는
마음의 공허를 풀면
세상 이변을 공감할 뿐이다
썰물은 이별의 추억이고
밀물은 기다림의 희망이니까

미목전신(眉目傳神)*

어디서 불어오는 향미(香美)일까?
물러서야 할 때는 다가오는데
구름 속에 가려진 옛이야기 꽃은
봄은 열병을 가마솥에 끓이고
가을은 단풍잎이 되어 비틀어지는
가슴앓이로 숨통을 옥죄며 오니까

내 영혼은 기억의 아픈 신음 소리에
그 길 위에서 피사체로 서 있는가?
민물 새우가 물수제비를 뜨고
연화의 잎은 땀을 흘리니
물병아리가 수중곡예를 하는가?

첫날밤 새색시 초경의 탁본처럼
밤하늘의 은하수로 뜨면
고목나무 뿌리가 삭신으로 뒤흔들어
성황당 옷고름 형형색색 나부끼듯

사랑의 언약 자물통을 채우면서
애정의 전류가 흐르는
그리움을 은쟁반 속에 담으면
노을이 번져가는 피에로가 학춤 추듯이

이별은 눈물의 거품뿐이고
사랑은 심장 속에서 피어난 꽃송이다

* 미목전신(眉目傳神) : 눈썹과 눈을 통하여 정신을 전한다는 뜻으로, 사람을 판단할 때 눈빛이 중요함을 이르는 말.

그대 가슴에 안기고 싶다

욕망의 그림자를 밟고 가는 자리
장승처럼 우뚝 서 있는 불꽃
낙엽이 늙어서 불타는 열정도
긴~ 그림자로 꼬리를 내리고

계절의 마지막 계단 끝에
정절의 비릿한 냄새를 풍기면서
허공을 휘젓는 수레바퀴 속에
초승달만 움켜잡고 서 있는
만삭의 방랑자 오색단풍들

추풍낙엽은 그리움만 남겨 놓고
겹겹이 수놓은 언저리에
숨 쉬고 싶어 하는 님을 두고
하늘 문을 속절없이 닫으려는가?

고뇌와 번뇌의 꽃상여로 가는
폭풍 속에 점멸한 영혼들을 위해
벼랑 끝에서 기적소리처럼
어둠을 삼키고 토해놓는 태양도
애련한 호숫가 그림풍차가 되리라

뒷모습

기약 없는 윤슬의 고통은
소유보다는
나눔이 축복인 것처럼
돛단배가 노를 저으며
꿈을 키워가듯이…

내~ 앞은 보이지만
등 뒤에는 보지 못하듯

자연의 시간에 맞춰
한 됫박의 바람과
한 움큼의 이슬로
봄은 한 종지로 오겠지

온~몸에 등짐을 진 듯
짓눌리는 뒤통수는
추억(追憶)을
가슴에 묻는 갈무리를 하듯

명멸하는
요술로 토해놓는가?

애련한 사모곡

가인이 바람의 꽃배를 타고
나루터 오는 날 내면의 반란으로
주체 못 할 그리움을 쏟아낼 때
찢어진 가슴은 녹아서
망각의 도포가 바람에
서러움을 실어 보내리라

세월을 막지도 잡지도 못하고
오가는 길목에 못다 한 아쉬움만
만고풍상 굽이굽이 흐르는구나
마른 입술을 적셔주는
그대의 미소가 그리워서
때 묻은 세월을 헹구어내야 한다

성좌처럼 가슴에 걸고서
그대의 노을을 반추해보니
지친 영혼은 어둠을 삼키고
그리움과 서러움 남기고 가는 길
심장에 깊이 뿌린 씨앗은
열병을 앓게 되는가 보다

묵상

눈을 감으면
고해의 동그라미를 긋는다
고통 앞에 원하든 원치 않든
눈을 감고 스쳐 간다
안 보고 안 들으려고
애써 노력을 했지만…

발 앞에는
무겁고 두렵게 놓인다
싸울 힘도 없는
무력이 안타까워지면
두 눈을 크게 뜨고
하늘을 바라보니
심령이 소스라치면서
십자가에 불을 댕길 때

환희의 눈물은
모든 만물의 주인들이
구름처럼 왔다가
바람과 함께 사라진다

시간도 허물을 벗나니

유혹의 영겁은
뜬~구름 잡으려 해도
가는 세월 잡지 못하고
오는 세월 기다리지 않는데도

가을의 동공을 불태워서
허물을 벗긴다 해도
마지막의 잎새가 떨어져서
나목이 된다 해도
고목나무 꽃 피울 그 날처럼
영혼은 흔들리지 않는다

피안의 안개 속에서
시간이 머물고 간 자리
신호등이 깜박거리듯

번져가는 욕정도 내려놓자
시린 마음도 남겨두고
긴~ 그림자로 허물을 벗는가?
간직하려 해도 허물은 벗나니

해당화

먼~ 이국의 하늘 별빛의 순교자처럼
사막에서 미소를 짓는 너,
섬마을 손님 반겨주는 안내의 미소
붉은 심장을 바다에 향기로 뿌리고
마음과 마음으로 사로잡는 순례자들과
가슴 바다에서 영혼으로 피는 꽃으로

밤에만 마실 나오는 별빛과 속삭이고
달무리에 숨은 연인의 눈물을 보며
살랑살랑 언어장애인 수화로 손짓을 하면
바다 까만 점 어선과 갈매기를 벗 삼고
등대의 꽃으로 피고 지는 매혹적인 너,
이방인의 빛과 꿈을 심어주려 하는가?

사막에 핀 에델바이스가 된 그대는
방랑자에게 미소 짓는 붉은 장미여!
사구의 모래알 바람꽃으로 불어다오
꽃 중의 꽃 그리움으로
바람의 언덕에 해변의 전조등으로
영혼이 꽃이 피고 지는 바다의 등꽃으로

풍경의 소야곡

고즈넉한 침묵의 고택 처마 끝에서
종의 노예가 된 목어 한 마리는
세상 풍파를 아우르는 꿈을 주니
바람 귀를 타고 동서남북 넘나드는
심안(心眼)의 풍향기를 달고 있다

날개가 없어 처마 끝에 목을 맨 채
바람의 등에 떠밀릴 때마다
물고기는 그렁그렁 눈물 흘리며
나래 치는 광대로 허공을 곡예 하는데
바람의 창(窓)이 되어
이슬 세례를 받은 물고기의 지느러미로
선과 악의 계율을 다스리면서
종의 은파를 울려 풍광에 노도 치는데

쇠종(鐵鍾)의 종심(從心) 줄에서
풍향의 깃털로 시시각각
물방울 흘리듯 파노라마를 치며
온 누리에 평화의 지평을 열어주는
서곡의 파노라마로 여운을 긋는가?

현자(賢者)

인간의 속성은
위만 바라보는 꿈을 꾸지만
욕망의 무게가 무거울수록
추락할 땐 파장이 더 크다

영혼에 달라붙은 욕망들은
속박에서 벗어나는
기쁨으로 충만하다면
배 안에 작은 구멍이 좌초하듯
오르지 못할 나무에 얽매는 것보다
마음의 창은
심장에 따뜻한 온기가 있을 때

삶이 명멸해지는 구도에서
마음의 잎사귀가 갈무리로 흔들릴 때
일기장처럼 남기고 싶은 몽상도
세상의 시소 게임처럼
서로가 나침판이 된다면
정도(正道)를 걷는 현자가 도리이다

오매불망

그대의 얼굴이 햇살로 떠오르면
자연은 사랑을 연주하니
영혼은 신열로 불꽃이 튀는데
설렘의 기다림으로
임의 잔상이 농익어가는 사랑은

사랑을 가둬두면 그 빛을 잃는다
가슴에 소복소복 모아놓은
사랑은 채워도, 채워도 목마름뿐이니

너와 내가 빈 가슴을 채우는
사랑의 닻을 깊이 내려놓았지만
세월의 수레바퀴 속에서
사랑의 시작은 이별을 연습하는가?
마음 안에 촛불 하나 밝히고 싶다

반달

가슴 한켠에
집을 짓고 있는
반달의 젖무덤들이
눈물 되어
옹달샘으로

시간의 여명은
히잡(Hijab)을 쓴
아랍의 여자 얼굴로
똬리를 틀고

하마의 입으로
세상을
만월로 품는다

욕망은 소유가 아니다

바람의 불씨를 타고
봄의 정원으로 오라

촛불을 밝히고
웨딩마차로 오시는 임

꽃과 향기가 나는 술로
임을 가꾸고 있다

그러나
당신이 오거나 말거나
욕망은 소유가 아니니까

몽환 속에서
나는 마음의 문을 열고서
그네를 타고 있을 테니까

제3부

메아리가 없는 사랑은 미소가 없다

삶이란
길 위에도 길이 있으나
사람 위에는
사람이 없다

인애(仁愛)는 보듬는 것

삶이란 것은
무지갯빛의
부챗살 같은 것

메아리가 없는 사랑은 미소가 없다

누구나 태어나서 어떻게 변화해왔는지
출생과 소멸이란 것을 생각해봅니다
자신만의 인생 지도가 있어 나침판으로
좌표를 찾아 생의 의미를 생각해봅니다

대나무가 마디마다 성장통이 있듯이
인간에겐 마음 안에 심상이 들어 있습니다
사랑은 한 떨기 꽃이기 때문에
가슴에 모닥불로 꿈을 피우려면
삶이란 최선도 있지만 차선도 있습니다

사랑은 나를 필요로 하는
모든 사람들과 함께하는 동행자입니다
침묵은 새 역사를 창조하듯이
나를 먼저 내면의 마음 안을 들여다보고
남의 마음을 읽는 배려가 필요합니다

눈물로 마음의 씨앗을 뿌리지 말고
사랑을 시험하지 말아야 합니다
사랑이란 미소가 주는 선물이니까

통증

살다 보니 명징한 것보다
가슴을 옥죄듯 시도 때도 없이
밀려드는 안개 같은 초라한 삶은
지붕의 기둥과 서까래는
앙상한 뼈대만 세워진
초라하고 시린 날갯짓은
인내도 속수무책인 통증 앞에
분노의 벽을 허물고 싶었다
긴장을 걷어 올린
빈 배의 그림자 길이만큼의
숨소리도 거칠었다
춘하가 춤추듯 등 뒤의 마술사는
비늘조각이 무겁다고
겉옷을 벗어 던지려는가
시린 기억의 저~편에
자유분방한 빗줄기의
질긴 풍파는 긴~고통을
허공의 보름달처럼
가면을 벗겨줄까
원망과 환멸의 시간까지

무하유(無何有)*

몽롱한 햇살에
파도가 거품을 물고 울고 있다
자유가 그립다고…

기다림의 무게들을
내려놓은 사바세계
별빛이 마실 나온 곳
이불 속에 알몸을 감싼 채
새근새근 잠을 자다가

춘몽에서
눈부신 빛이 솟아나니
땅속에서
두런두런 속삭이며
소꿉장난을 하다가

속눈썹을 뜨고 대지 위로
밀알을 부화하듯
화들짝 촉수를 내민다

욕망으로 팽팽한 뿌리들
땅속에서 펌프질 하니

녹슨 입속에 꽃이 핀다

메아리로 오는 봄
꿈의 욕망들이 기지개를 켠다
풍선처럼 시간이 갈수록
가슴 부풀어 오르는 그리움

짙은 가슴속에
바람이 토해놓은 고독
빛 속에 그림자가 익사하니
내 몸에 날개가 돋아나는
지난날 기억의 언덕에서
발자국을 찍고 피어나는
봄이 오는가 보다

* 무하유(無何有) : 사람이 손대지 아니한 자연 그대로의 세계.

인연의 왈츠

날 부른다 사랑은
심장에서 쿵쿵거리는 영혼
가슴을 쓰다듬는 낙엽처럼
춤을 추며 달려온다

불화살을 서로가 날리는
흠집과 미움도 삭혀가며
내 손을 잡아 오면
눈부신 햇살 속으로 당기는
노을 꽃 조명을 비추니
마음 안에 그리움 가득 싣고
도란도란 들꽃들처럼
히죽이 속삭이며 웃고 있다

기대치 못 미치는 못다 한 꿈도
그날을 위하여
떨어진 나뭇잎마냥 어디로 갈까
형형색색 켜켜이 쌓인 마음
교차되는 생각과 감정들
못다 핀 고요함 속 평화로움을

구도의 삶

조용히 눈을 감고 추억을 더듬으면
생생한 그리움이 가슴에 남아 있듯이
그 누군가의 땀을 닦아줄 수 있는
가슴 안의 손수건이 되어 있는가?
누에 번데기처럼 모래 속에서 사금을 찾듯
친구와 술은 옛것일수록 좋아한다든가?
신록의 생명이 떠난 빈 숲에도
체념의 눈빛 같은 허망함도 있지만
안락한 노후를 관조하는 그득함도 함께 있다
다~ 비워야 하는 겨울을 맞서서 보낸
지혜의 빛인지도 모르지만…!
내 영혼을 삼킬 듯이 칭얼대는
풍선처럼 부풀어진 인생 계급장은
삶의 질곡 속에서 머문 자리~
강아지가 오랫동안 떨어져 있던
주인을 만나 꼬리 치며 반기듯이
세상에서 살아갈 동행자가 있기 때문에
내 안에 세포가 분열하듯이
화음에 걸맞은 화선지 여백에
삶의 구도(求道)를 그림으로 그려가고 있다

금낭화 연가

청실홍실 가는 길
임 생각에
속눈썹을 치켜올리고
남몰래 숨겨놓은
비단 연등 주머니 속을 품는

부나비가
내 마음을 흔들어대면
온몸에 주렁주렁 출렁이는
꽃등이 온 누리에 켜지니

임의 행진곡으로
마음이 불타오르는
진부한 사랑은
그대를 향한 그리움으로
연분홍 봄날 연가를 부르리

춘정(春情)의 야곡

설한(雪寒)에
무언의 반란을 꿈꾸는 거리
나를 지켜낼 수 있을까?

창검을 뽑아 초록의
넓은 가슴을 침범하는 봄밤
고한의 미립자로
여린 살을 파고드는데

호숫가에서
세월을 낚고 있는 나그네
지난 아픔의 촉수가 되어
진액의 전신을 품고 가는
마지막 눈물로 남을까?

애처로운 생명의 입질은
어미의 자궁인 고국으로
훨~훨~ 날아가고 싶어서
춘정(春情)에 홀리는
미풍에 꽃들이 혀를 내민다

오작교

천리향이 애간장을 녹이는 초원에서
견우와 직녀가 된 그대의 목소리
허공을 만지듯 귓전에
숨어오는 숨결이 찰랑 찰랑댄다

핏빛 벙그는 꽃무릇의 군무처럼
그~ 애잔한 눈빛으로
이별의 서정은 고뇌하노니
심상에 박제가 된 그림처럼
언어장애인 수화만을 할 뿐인가?
말은 할 수가 없는 그대는 목석으로
산 그림자로 여울만을 치누나~

그러나 생각이 같지 않는다고 해서
마음 안에 회랑을 긋는다는 것은
자신이 스스로 고립을 자초하듯이
사랑의 속살이 보이면 무너지는 것
허나, 세상만사는 그 누군가가
초인종을 눌러주고
손을 잡아줄 사람이 있을 테니까?

모반의 세월

하늘의 순환 고리를 풀고
모반의 세월을 꿇어앉히고
하늘이 점지해준
정인을 찾아가는 환희처럼

천상의 기운을 모아서
심상의 꽃밭에 내린
가슴의 창마다 고개를 내밀고
선지빛 노을에 눈이 멀어도
피아골의 흔들바람은
고독의 연못에 목마른 그리움들
유혼의 탑을 쌓아가는데

못내 이루지 못할 사랑은
낙화된 꽃잎들을
회오리 돌풍으로 질주하며
바람에 매달아놓고 싶다

그 고해(苦海)의 여정을…!

가슴을 여미는 여울 소리

봄은 메아리가 되어오는데
그러나 그리움은
한 번도 피워보지 못하고
뒤늦게 생각을 키우면

이젠, 더 이상
줄 것도 버릴 것도 없는
생의 비탈길에서
곰삭은 내가 될 수 있을까

아니면, 겨우 내내
잠자고 있던 욕망들이
세상은 모든 아픔을 안고
기지개를 켤 수 있을까

기다림 속에서
생의 급류를 타고 채워가는
초라함은 침묵 속에 흔적만 남아
기억 속에서만
가슴을 여미는 시선처럼~

티암*

하늘바다에 무지개꿈을 낚시질하니
바람이 그려놓은 눈빛
하늘 길을 열어주고
명멸하는 영혼의 불씨로
목울대를 채워주니
몸피가 정전이 되었던
반딧불이 은하수로 떠돈다

그대 가는 꽃길에
달빛그림자를 밟고 가는 나그네
부평초 같은 입술 훔치면
오열하는 밤안개가 천둥을 친다

여울물이 호숫가에서 노래하며
유유자적으로 진을 치면
고추잠자리는 허공을 희롱한다

우리 인연을 스쳐 가는 맞바람일 테니까

* 티암 : 페르시아어로 '누군가를 처음 만난 순간 반짝이는 눈빛' 이란 뜻이다.

사랑의 흔적들처럼

물안개처럼
등 뒤에 숨어오는
그대의 환영은
참새가 방앗간을 들리듯
실바람이 나뭇잎을 흔들 때
바람의 유혹으로
하늘 위로 날고 싶다

젊은 날의 추억들
붉은 태양을 향해
그대와 나
조용히 걷고 싶어진다

가슴을 까맣게 태웠던
사랑의 흔적들처럼
찬연(粲然)한 느낌으로
지난 기억을 더듬어가리

검은 고양이

그림자가 긴~ 꼬리를 물고 가는 기차
그림자가 들녘을 지키고 있는 허수아비
그림자가 호수에 물구나무를 선 나무
그림자를 바다 위에 던지고 가는 갈매기
그림자를 들녘에 놓고 가는 철새 기러기

그림자는
언제나 앞장을 서지 않고
검은 고양이로
신변을 보호하는 경호원이다

그림자는
낮에는 파수꾼이 되지만
밤에는 꿈속에서 산란한다

만산홍엽

늦가을의 입덧으로
나무의 깃털들이
젖몸살을 앓고서
그 후유증으로
지난 일들을 토해내는

육신의 날개와 꼬리는
한 퍼즐의 조각으로
채화(採火) 되는
만산홍엽의 황홀함 뒤에

가슴에 품어둔 과욕들
육신의 피부가 노화되어
붉게 타버린 노을빛으로
몸을 푸는 해산은
산고의 자장가를 부른다

샛별 하나에 소망 하나

새벽 공기가 환청으로 비명을 지르는데
눈먼 지팡이로 노를 저어가듯
행운을 걸어주는 별똥별이 꼬리 자르자
명지바람이 내 입술을 훔치고 가니
연민의 노래를 부르는 초대장인가?

샛별 하나에 소망을 품은 사랑
부평초 같은 나그네가 오열을 하듯
밤안개는 바람 그네를 타고 가니
사랑의 통증은 그리움으로 연민한다

아직도 지우지 못한 말 한마디는
칭얼대는 나룻배가 미끄러져 가듯
하늘에 뜬 한 자락의 샛별은
내 영혼으로 머무르고 있는데

풍진세상은 노을을 따라 찰랑대듯
은하철도를 가다 보면 꽃바람에 꿈도 울듯이
누군가의 눈물을 닦아줄 수 있는
마음의 손수건은 고독의 향수이니까

미풍의 속삭임은

청명한 가을의 하늘 아래
미풍의 속삭임으로

여기저기 거기에서
잠자리의 날갯짓에
나비가 덩달아 춤을 추니

꽃무릇의 군무가
황홀한 꿈을 먹고

달맞이꽃은
오작교에서
임을 기다리는

신묘(神妙)한 가을은
사랑을 품고 익어간다

곡우(穀雨)

생명의 줄기 마디마디에
덧칠하는 오염 먼지로
눈과 숨통을 조이고

목말라하는 가뭄의 적폐로
기근이 흐느적거리는
파리한 목숨을 흐느끼며

자신의 몸무게 견디기 어려워
망연자실하는
고사 직전에 몸부림의 소용돌이를

아지랑이가 하늘 문을 열고서
분무라도 하듯 하늘비가
가슴을 스쳐 가는 봄비의 여행

적기에 오아시스의 우림으로
흙에서 새싹을 틔우고
나뭇가지에 바람이 일 듯
세상에는 꽃비로 태어나리라

안개꽃

별자리 군무의 아름다움은
소리 없는 진통을 삼키고
하나의 빛보다 함께 빛을 발하고
안개처럼 살며시 다가와
아지랑이로 아롱진 눈망울들
맑고 고운 싸락눈 꽃비로 날리고
긴~ 숨을 들이켜며
향기가 바람에 덫을 놓는다

봄 햇살은 향기를 품어주면서
내밀한 그리움을 더 자극하여
화려함보다는 이슬방울처럼
청초한 싸락눈 빛으로
그대 멀어진 기억의 파편들을
가슴에 차곡차곡 담고서
추억이 머무는 명경에
초롱꽃 안개로 지피우리라

세월의 강

세월을 숙성시키는 강물은
은비늘들이 옥구슬처럼 굴러가고
노을에 돛대 단 풍향계로
기러기 떼들 곡예 무희 하는데

갯벌의 갈대밭은 포말을 품고
세월의 퇴적 오염 정화시켜
세상을 숙성시키는 가슴이어라

하늘과 소통하는 소실점에서
내 가슴이 핑크빛으로 물드는구나
바닷물이 밀고 당기듯
생사가 교차하는 삶의 곡예누각

소녀가 수줍어 가슴 두근거리는
붉은 매화 향의 입술처럼 불타면
갈대숲을 타고 피리 부는
늙은 노파의 주름살은
과녁 너머 빛바랜 추억들이
세월의 망토 정지선 건너려는가

동박새는 벌이다

봄의 풍운으로 동백꽃이 피면
벌새처럼 동박새는 분주하다
선홍빛 자태는 순수함도
서둘러서 꽃자리를 펴고 간다

동박새는 동백꽃을 신방 삼아서
꽃 수술 화분을 수정시킨 후
시들지 않은 통꽃을 낙화시켜서
동료 새들이 허탕을 치지 않도록
소통과 배려의 공동체 의식으로

진 꽃은 아무리 고와도 이미,
수정이 끝났으니 뒤돌아보지 말고
다른 나무의 새 꽃을 찾으라는
자연의 리듬인 생존전략일까

동박새는 동백꽃과 공생을 하는
청사초롱을 엮는 연리지이니라

제4부

구름 위에 구름의 길도 있다

영혼
일출은 미소요
일몰은 눈물이니

영혼을 팔아서
악마를 만들 수 없듯

이 세상에는
영원한 것은 없다

시인의 숲

나의 가족은
태곳적 전설의 맥이 흐른다
조상의 혈류가 흐르는
故鄕
山
川
신기마을*은
새처럼 금강하구에
날개 접고 앉은 들판에는
태양이 떠오르는 빗살무늬가

피리 부는 갈대숲의 속삭임으로
시혼(詩魂)이 머무는 곳
애향(愛鄕)의 숲은
천리향(千里香)을 품은
시 · 한 송이를
돛단배에 띄워서
푸른 서해바다의 젖줄로
희망이 나래를 치는
북두칠성에 꿈을 안고 가리라

* 신기마을 : 충남 서천군 마서면 도삼리 소재.

구름 위에 구름의 길도 있다

해와 달도 호수에서 몸을 풀고 있는데
정지된 기차역에는 마차도 없고
추억만 널브러져 사람도 내리지 않는데
그림자만 고양이처럼 지나간다

날고 있는 새는 뒤돌아보지 않는데
마음은 깨져도 물은 깨지지 않는데도
물고기는 눈물을 흘리지 않는다
저인망식으로 꿈을 잡는 일은
그리움을 엮는 고운 단풍처럼
갈대가 연정의 하품 소리로
호수의 빈 거울 속에 생각을 담고 있다

내 분신의 검은 고양이는
변절도 없이 충성을 다하는데
봄은 립스틱을 바르면서 오면
청보리밭의 초록 물결처럼
바다는 하얀 포말로 박수 치며 오는데
산~ 그림자는 숨바꼭질하고
새들은 저녁노을이 되어서
하늘 영상의 자연 숲속으로 가고 있다

향기 나는 사람

사랑은 향기 나는
교감의 믿음이고
그 은은한 향기가 깊을수록
몽환의 온도 차가 더욱더
모닥불처럼 지펴질 때

불꽃으로 쓴
그대 삶의 초대장을
내 손바닥에서
나선형처럼 그리며
치유되기를…

그대의 가슴속에
온 세상을 담고 싶다는
말은 하지는 말라
상처가 깨달음을 가진 것이
치유인 것처럼…

세상은 항상 당신을
초대하고 있기 때문이다

삶의 언덕에 꽃등이 켜질 때

하현달 빛이 창 너머로 파도치는데
내 마음속의 가슴앓이는
그대를 향한 그리움으로 피어나니
마음 안에 동그라미 그리는 수묵화가 핀다
잘못된 항로에 키를 잡은 선장은
자유로운 내 영혼을 항해할 수 있을까
바다의 거울 속에 잠긴 동화의 나라로
우리의 삶은 지구의 에너지를 먹고 산다
빛은 무게가 없지만 만물에게는
우주의 기운을 듬뿍 담아주고 있다
메말랐던 내 눈의 꼭지가 터지던 날
무심무욕의 들꽃처럼 착각 속에 산다
삶의 진로를 내려다보지는 아니하고
위로 올려다보고만 사는 인생사는
내 그림자가 나를 앞서나갈 때
나는 유리 벽을 부적으로 허문다
이승의 몸으로 저승에 살고 있는 것처럼
우주의 어둠을 먹고 빛나는 별빛 산란하니
나는 천연 탄산수 같은 목을 품고서
마음속 영혼 쉼터 시소로 살고파 하는가?

여로(旅路)

본디 길은 없었다

사람이나 짐승이 지나간 자리가
길이 되었으니~
맨 처음 간 사람은 선지자요
나중에 뒤따라간 사람은
후견인이라고 말할 수 있다

길은 떠나는 것은 여정의
희망을 찾기 위함이요
길을 떠나는 것은
모험을 찾아가는 것이니

삶의 굴레라고 하지 않겠는가?
물레방아처럼 굴러가는 것이
곧 진리의 길이요
삶의 둥지를 찾는 것 아닌가?

시간

내게 주어진 시간의 굴레는
언제 끊어질지 모르는
희로애락이 교차하는
역마살 같은 거…!

나를 기다려주지 않는
한정된 시계추의 춤사위
가다가 지치면
숨을 멈추고 떠난 세상 속으로
나는 간다

그리고 세월도 무너지니
종착역 시점은 알지 못하지만
어쩌나, 빈방을 지키는
긴~ 그림자의 추억만 안고
초점이 흐려지는 저녁노을처럼

수화

귀동냥도 아니고 눈빛도 아닌
발레리나로 마주 보면서
열 손가락으로 내뱉는
수신호는 잔잔한 물결처럼
가슴에 사인(Sign)으로 귀결되고
속임수나 과시도 없다

오직 진실만을 토로하는
열 손가락의 손놀림의 미학이다
그들은 본디 대본도 없었고
손, 발짓으로 의사를 표현했다

마치 소설처럼 대화를 엮어가며
마음속에서
울어나는 잔잔한 미소일 뿐이다

가슴의 숨통을 틔워줄 맞뚫린
신과 소통하는
언어예술의 시학(視學)이니까

입술처럼 살자

그대의 앵두 같은 입술은
네가 없으면
잇몸도 없으련만

네가 없으면
입맛도 모르겠지
네가 없으면
언어도 구사할 수 없겠지

네가 없으면
사랑의 꿀맛도 모르겠지
네가 없으면
미의 여신도 될 수 없겠지

네가 없으면
웃음도 없는 삭막함이여

그대는 천(千)의 얼굴로
우화 같은 울림만 있으리라

양파

푸른 돛대를 이랑에 세우고
아방궁에서 속살을 키운 너
인고의 세파에도 순정을 품고
고뇌의 몸부림으로

숫처녀 순결의 신비처럼
벗겨도, 벗겨도 한결같은 자태
백옥의 나이테는
거울같이 맑은 영혼의 향기로
너의 가슴 빗장을 풀고서

세상사는 달콤하고도
매운맛은 폐부를 찌르는
삶의 미각으로 입맛을 돋워
인간영혼을 깨우치게 하는가?

문지방에 서지 말라

눈, 귀가 있어도 보고 듣지 못하면
항상 가면을 쓰고 있다는 건가?

문지방은 경계선의 중심에서
전진을 하면 길이 보이고
후퇴를 하면 나락으로 떨어지니
우주 만상 생사의 갈림길에서
감춰진 은밀한 공간을 보았는가?
끊임없이 변화를 추구하는 시선
독수리의 눈으로 세상을 바라보라
포식자와 피포식자가 공존하며
하나의 개체로 소통을 하는
침묵 속에서도 신(神)의 소리가 들린다
자아의 질문과 대답을 관조하라
깨달음으로 성찰을 간구하고
자신을 스스로 포용하고 뒤돌아보며
솟대처럼 뭉게구름의 먼 미래를 보라

뽕잎을 먹는 누에는 비단을 만들고
독사가 샘물을 마시면 독이 될 것이다

세상은 요지경이다

지금 이 세상(世上)에는
정신 줄을 놓고 사는 사람들
눈을 감으면 몽상으로 가고
눈을 뜨면 마법같이 황망하다
이리저리 봐도 제정신이 아닌
이산화탄소처럼 허한 사람들
세상은 온통 푸르르는데
인간은 스스로 숨통을 옥죄고
비틀걸음으로 질주를 한다
고장 난 형광등처럼 깜박깜박
흔들거리는 마음도 생채기도
이래도 비틀 저래도 비틀대듯
술에 만취한 사람들뿐이다
외눈박이가 판을 치고 가면
두 눈을 가진 사람들은 못 본 척
이리 봐도 저래 봐도 그렇고
어릿광대들만이 춤추고 있다
이 세상 산소 같은 사람들은
눈을 보지 못하는 소경과
청각장애인만이 아닌가 싶다

빵집 앞에서

길손을 반기는
별 하나가 눈가에 떴다
구수한 맛
콧구멍을 벌름벌름 후비는
나그네는 눈도장만 찍고
진동하는 가슴속에는
헛구역질하는 향기가
물레방아로 빙글빙글 돌아
길 위에서 멈춰진
시곗바늘로 서 있다

내 오장 안에 숨은 걸인은
가난한 흥부의 입속에서
뱀 혓바닥 날름날름하는 군침은
입을 닫을 건가, 벌려야 할까
긴~ 대화로 나눠야 하겠다

길 위에서 눈동냥 하는 행인들
참새가 방앗간을 기웃거리듯
들쭉날쭉 북적거린다

사물의 피날레

우리네의 삶은
한 폭의 그림자를 품고 사는
달맞이꽃으로
별 동산의 용마루에
다소곳이 앉아 자장가를 부르면
땅에서는 연리지가
하늘에는 비익조가
무임승차하는 세월의 굴레는
초자연을 용해시키려는가?

회귀할 수 없는 순환의 고리
미리내의 창을 두드리면
바람도 언어를 낚싯줄로
낚아채어 올리는데…!
바다는 물고기의 비늘처럼
물수제비를 뜨듯 반짝이면
세상에 변명조차 할 수 없는
세속의 깊은 수렁 속에 빠져
허공을 쥐어뜯고 땅을 치며
고요히 눈을 감는다

섬은 잠들지 않는다

푸른 바다에 펼쳐진 그래픽(Graphic)
오징어 떼가 먹물을 튀겨놓은 섬들
갈매기가 섬과 섬, 안부를 전해주고
뱃사공들이 지나가면서 손사래를…!
등대의 별꽃으로 꿈을 주니
마도로스 가슴앓이를 녹이고
통통배 어선은 낙원을 찾아가네
뱃고동 소리가 먹먹한 수평선
밤의 향수를 흩뿌리니~
그리운 임, 생각에 머문 자리
섬이 눈을 감을 수 없는 것은
파도가 조약돌과 일렁이며
살갗에 간지럼으로 너울대니
늘~ 깨어 있는 기다림으로
섬이 잠을 못 이루는 것은
해님과 달님이 함께하는
소꿉장난 끼가 발동을 하니
숲과 숲의 겨드랑이 사이로
숨바꼭질 놀이를 하자고 하여
강강수월래~~ 강강수월래~~

푸르키니에 현상*의 빛처럼 살라

무지개를 타고 오는 그리움은
새가 되어 노을로 날고
내 영혼의 그림자는
호수를 가두고 환상의 연도 속으로
밤하늘에서 떨어지는 별들은
반딧불이가 되어
그리움의 빛을 품네

지난날 엇갈린 그대와 나는
빛의 족쇄를 끊어낼 수 있을까
불나방이가 불길에 뛰어드는 것은
그리움의 빛을 내뿜는 것

불꽃이 핀 순정은 빛과 그림자
둥지에 밑그림만 그려놓고
차디찬 숨결이 따사함을 느낄 때
요술램프 속에 잠자는 불꽃은
과녁의 수평선은 블랙홀에
노을이 애써 토해놓은
시~ 한 소절을 걸어놓는다

* 푸르키니에 현상 : 1819년에 체코의 생리학자 '푸르키니에'에 의해 밝혀진 빛과 시각의 상관관계에 대한 현상을 말한다.

허허허실은 꿈이런가

봄, 여신의 아름다움처럼
입술에 연지곤지 찍고 나면
귓불은 발갛게 상기되어
홍매화처럼 숨 가쁘다
꽃 비늘 촛농처럼 떨어지니
가물가물하게 멀어지는
그대의 향기가
봄의 열꽃도 식어간다

햇살이 노을 젓는 쓰나미로
봄바람은 오리무중 갈 길을 잃고
열망의 횃불도 풍전등화로
꿈도 발도장을 찍고 나면
세상의 중심에서 스크린 속으로

검은 레이저의 눈동자는
선악의 방패연으로
굽어진 마음은 가슴에 우겨넣고
가슴에 쌓이는 핵과 추노는
나그네로 떠나보내리라
마음은 감정의 호수이며 바다다

내 영혼의 꽃집

주홍글씨의 도화살도
내 영혼의 외침은 환희다
동편에서 무지개 떼가 날아올라
우주 공간을 보듬는가?

삶의 고단함도
신의 영역 앞에서는 어쩔 수 없을까
상처받은 파도가 포말로 부서지듯
그리움은 기다림으로 흐르고
삶의 번뇌를 허물고
풍전등화 같은 촛불 앞에서
자신을 치유하는가?

지상낙원으로 반짝이는 별빛처럼
형형색색 꽃들의 향기가 상서롭다
천국 문을 꿈꾸는 욕망으로 가득 차 있는
저녁노을 아름답다고 노래를 부르니
생각이 머문 자리에는 꿈이 있다

어둠이 밀어낸 먼동을 깨우듯이
꽃은 빛을 만들고 어리석은 욕망의 덫도
내 영혼을 잠재울 수 있는
당신의 꽃집 하나를 짓고 싶다

미목전신(眉目傳神)

날아가는 새는
노을 속에 숨바꼭질을 하니

지는 해가
서산을 건너가면
내 영혼의 그림자는
노을 속에 갇혀서
메밀꽃구름 속으로 날고

강의 허리를 잡고 선
산은 뫼처럼 물구나무를 선다
연도가 없는 해풍은
무풍지대의 환상 속에서
천둥에 울고

그대와 나는
꿈을 엮는 우산 속의
호리건곤에서
꽃 가슴을 엮는다

멍에

천둥번개로 고목은 날벼락 맞고 있는데
산과 산을 포개고 누워 있는 포자들
볼록한 배로 하늘을 움켜잡는다
빗방울이 바위를 뚫듯이
이무기가 승천하려고 시험을 하는가?

신호등이 없는 자연은 풍차로 돌고
한 치의 사람 속은 알 수가 없구나
수전노(守錢奴)가 된 무리들 속에
미친개는 거품을 물고
겨울 사막을 건너가는 낙타처럼
앞만 보고 걷고 있는 나그네들
구름 속살을 걷어치우고 삐쭉 나온
달빛을 나뭇가지에 걸어놓는다
기댈 수 없는 바람꾼 나룻배는 잠들고
마주 보는 은행나무처럼 서 있다
붉은 누비알 석류가 터지듯
성숙한 여인의 속살을 드러내나
세상 무게중심을 잡아줄 언어인가
미명에 스며드는 그림자일까?

꽃다지

요염한 시샘으로
봄꽃이 눈을 뜨면
청사초롱 두둥실대고

홍조 띤 그 얼굴들
향기에 취해서
유혹에 흔들리는 봄 처녀

인산인해가 된 꿀벌들
꽃 파도로 너울대는데
함박웃음 하늘의 꽃으로
천진난만했던 지난날
동심으로 돌아가서
매혹의 향기를 품고
행복한 사유를…

높새바람이 흔들어대도
그 님 보고 싶은 그리움으로
천 리 길에서 달려온
마녀가 봄꽃의 얼굴이었다

가슴을 다스리는 잠언

마음을 비우면 세상이 아름답게 보이고
가슴의 눈으로 보면 상대를 읽을 수 있으며
꿈이 있으면 비전과 미래가 보이고
허영심이 많으면 과부하가 걸린다

욕심이 많으면 분쟁을 일으키고
경거망동을 하면 패가망신을 하며
권모술수를 쓰면 자살골이 된다

세상 보는 안목이 있으면 희망이 보이고
원칙이 없으면 부패가 만연하니
충신(忠臣)을 모르면 나라가 망하고
정도(正道)를 알면 모범생이 된다

진리(眞理)를 알면 세상을 치유할 수 있고
사랑하는 눈으로 보면 평화(平和)가 온다
그 그
러 러
나
세상(世上)은 좌불안석(坐不安席)에 있으니까?

제5부

헤젤리흐

사랑은
샛별처럼

멀리 있어도
감각이 있는 것은
사랑이어라
꽃은
미향을 품고 있으니까

☆
☆☆☆별자리☆☆☆

가슴을 헤는 밤
임의 눈은
샛별이고

별 하나에
임과 사랑을
임의 눈물은
은하수다

별 둘은
망향의 향수이며
별 셋은
어머니의 탯줄이다

북두칠성은
우리 가족 행운의
별자리, 별자리
가부좌

그대가 한 그루의 나무라면

빈 가슴을 채우는
봄의 양수로 분탕질을 하여
목숨을 저장할 수 있는 뿌리는
나무줄기를 타고 역류하며
생명의 태동 소리 용솟음치니

구름의 창(窓)에
햇살을 걸어 놓고 그리움 쏟아내는
뒷모습이 아름답다
임은 먼 곳에 이방인의 꿈을 심는
내 안에 영혼의 성(城)은 잠들고
노을에 취한 하늘은 붉게 물들어

빛바랜 꿈은 부서진 욕망의 덫에 걸려
바람마저 비틀거리는데…
가슴을 털어버리고 싶은 과욕들
상처 난 혈관을 치유하면서
낙엽이 뿌려놓은 그리움을 낚는
분별할 줄 아는 나무여!
잘 가거라 파도에 부서진 욕망들

헤젤리흐*

삶의 나락에서
지뢰밭을 걷는 심정으로
가면의 탈을 벗기고 싶다
인생을 훔치고 간
좌충우돌

그대를 사랑할 수 있는 것은
심폐소생술처럼
예술의 영혼을 공감하기 때문이다
그대 마음이 우주공간에 창이 열리면
달빛 그림자를 밟고 가리라
고향에 봄이 오는 것처럼~

생각이 바뀌면
자석의 극과 극은 문을 여는 것처럼
마음을 주고 정을 주는 것은
따뜻한 훈풍이 불어오는 길

나는 믿고 싶다,
그대의 가슴에
반짝거리는 햇살에 동화되어
그대 가슴에 피는 꽃이 되는

심오한 진리인 것을…
사랑하리라
그대의 꿈이 되기를…!

* 헤젤리흐 : 네덜란드어로 '사랑하는 사람들 사이에서 느끼는 따사함' 이란 뜻이다.

그리운 어머니, 어머니

달꽃이 무르익는 밀림지대
그 속에 잠복호로 이룬 촌락
적을 향한 야영은 숨 가쁘다
한 병정 적진에 총을 겨눌 때
전우들은 고향 생각 꿈꾸는데

늙은 어머님과 이별한 눈물 삼킨다
몽환으로 벗을 삼는 전장
조국을 향한 북두칠성처럼
나는 이역의 전장으로 떠나올 때
가슴을 옥죄고 울며 떠나왔지만

지금, 나는 참 행복한 용사이오
오늘 이, 침묵의 밤은
저 어머님 곁에 있지는 않되
먼 이역의 별빛 아래 베트남에서
어머님을 그리며 생각한다오

조국의 건아들 이역만리에서
자유와 평화를 위해서
이 한 몸 죽고 죽어서

다시 어머님을 뵙지 못한다 해도
슬퍼하거나 노하지 마십시오

저는 조국의 대한민국 아들로서
이 한 몸을 불살라보렵니다
영광의 전사(戰死)도 달게 받으소서

*1966. 10. 3. 베트남 파병 시 쓴, 시 한 구절.

애증의 시간 속으로

인간은 보고 싶은 것만 보고
믿고 싶은 것만 믿는 습성 때문에
상대성의 논리에 대한 깊이를
잘 이해를 하지 못하는지도 모른다
만남은 영겁의 인연이고 기적이다
허나, 호연과 악연은
시소 타기처럼 호흡의 차이다

인생이란 황태처럼
몸이 얼었다 녹았다 반복한 후
방망이로 두들겨 맞고서야
환골탈태가 되는 것이 아니던가?
바다의 파도는 섬들을 흔들고
섬은 파도를 저지, 분수로 날리고
해무가 쓸고 간 그 자리에는
그림 같은 풍광의 속살이 빛나듯이
이역의 별빛으로 섬과 섬, 사이
해조음의 가슴만이 두근거릴 때
섬은 파도가 자장가를 부르면
석양은 못다 한 애증의 눈물 흘린다

요술 바람

적과의 동침도 동지도 없는
정체가 모호한 무형의 여신
세월의 질곡도 무상함도
누군가의 간섭도 받지 않고
자신이 하고 싶은 대로 산다
바람의 언어들로만 나부끼며
방향감각도 잃지 않는다
길동무가 없어도 심심치도 않고
수직과 고도의 계단을 밟지 않는
자유분방한 야누스
바람의 눈과 숫자도 없는데
천지를 포용하면서도
생성과 소멸의 날갯짓으로
풍차처럼 지구를 돌고, 돌고 있다
무한 허공을 공유로 누비면서
영영 늙지도 않는 영혼으로
자유분방하며
어떤 유혹에도 흔들리지 않고
천지풍파를 정면 돌파하는
수호천사로 우주를 사로잡는다

오월의 여왕 장미

그대는 화사하고 요염한
불꽃 튀는 요정으로
그 눈빛에 감아 현혹시킨
혹세무민들…!

너는 향미(香美)를 품고도
비수의 가시는 감추고서
무녀처럼 춤을 추지만

아이러니하게도 그대 가슴은
주홍글씨만 담고 사는 너,
꿀샘이 없는 부나비로

벌 나비는 강 건너 불 보듯
외모보다는 내면의 기품이
빗나간 너의 허망에
빛 좋은 개살구가 아닌가?

양귀비

내~ 가슴에 뜬 조각달은
아름다운 세상 구경하려고
무명의 들꽃들 아우르며

붉은 꽃 입보조개가 열리면
가슴을 태운 가지마다 사랑은
방긋방긋한
수줍은 모닥불로 지핀다

귓불이 붉은 속내 감추려니
앞섶을 살짝 헤집은 꽃 수술

님을 기다리는
인고의 몸부림으로 잠든
나를 구순하게 반겨 깨운다

사랑은 은은한 향기가
믿음과 교감이 더더욱
깊을수록 몽환으로 감돈다

그때처럼 그 시절

이방인의 주인공으로
새로운 세상의 별빛을 모아
한 줌 가져다가 눈 맞춤 인사하는
고향 산천의 파노라마 속에서
내 영혼의 냄새가 풍긴다

세풍에 포효하는 바람 날개를 접고
봄 강으로 흐르고 흐르는
내 마음 안의 갈지천(之川)에
꽃 구름을 시렁에 얹혀놓고
삶의 불확실성과 혼돈의 시대
복잡한 이정표는 앞을 보기, 힘든 세상
강바람으로 피리를 부는 갈대처럼
반달의 나룻배는 강 위에 출렁이고

고고한 백조는 물갈퀴로 노를 저으며
남몰래 눈물을 흘리며 울고 있는데
하늘에서는 은하수가 긴 꼬리를 물고
구미호가 요단강을 건너가고 있다

배꼽

하늘새*가 내 배꼽 속에
맘대로 들어와
마음대로 움직이는 너

앞만 보고 가다가 보면
주변의 풍경을 잃어버리듯
빛은 기준이 움직일 때마다
검은 고양이가 동행하듯

사랑은 신앙처럼
믿음과 기쁨이고 축복으로

인간의 구심점은
나의 배꼽으로
어머니가 주신
탯줄로 맺어준
큰~ 사랑이어라

* 하늘새 : '천사(天使)'를 의미한다.

속울음

파도 속에 숨은
비밀을 캐듯
술에 취한 듯
철썩이는 하얀 포말

먼~ 기억을 잠재우듯
갈매기의 울음소리
먼동이 트듯
나그네 해풍만 부서진다

밤새워가며 속삭이듯
입술만 적시고…

내 안을 달래주고 싶은
내면에 깊은 매화 심장
맑은 눈동자처럼…

꽃비

가슴의 숨결로 모두 다,
당신께 바치렵니다
여명처럼 흘러가는 분수(粉水)
뒤돌아본들 무슨 소용이 있나
그냥 떠나세요!

가슴에 미어지는 애모
사랑 씨앗 하나만 심어놓고
남아 있는 것
당신의 신비를…!

우린 어찌할 수 없지요
상처를 보듬어가면서
먼~ 훗날에도
고운 님을 기다리면서
당신의 체취를 부르렵니다

생각이 머문 자리 그곳에

세월이 할퀴고 간 그 자리는
길은 없어도 바람은 달린다
망상의 숲속에서
생명의 숨결에 함성이 출렁인다

꽃 비늘 뒤흔드는 날선 바람으로
낙하산을 접듯 꽃은 눈물을 흘리니
가슴만 찌르고 기댈 곳 없는 피멍 든 옹이
벼랑 끝에 선 세월의 무늬 발자국 소리에
노을 조각으로 한 자락 배웅하는 눈동자는

새들의 고달픈 날개를 접고서
휴면 상태의 심장을 두드리나니
마음속에 낀 과부하를 설거지하면
그리움은 마음의 창문을 두드린다

자물쇠로 채워진 닫힌 문으로
자신을 풍진 세상에 드러내지 않고
세상을 포용하면서
망부석처럼 그림자를 지키려 하는가?

범사강운(凡事江韻)

바람이 손을 잡아주지 않으면
숲과 인간의 욕망도 채울 수 없듯
질풍노도는 화살이 꿰뚫어가는
삶과 죽음의 번뇌였기 때문이다

소진되어가는 고통의 번뇌를 잊게 하고
단단한 초석으로 다져주니까
영혼의 깃털은 새처럼 날아가듯
창공에 꿈 하나를 실었다

휘파람 소리에
설해목의 허리가 부러지는 밤
긴 목을 쓰다듬는 하늘도 포효하는데

하늘에 베를 짜듯 유현은
명징해지는 기억에 눈을 감으면
출렁이는 억새 군무가
무너지는 계절의 가무에 젖는다
큐피드는 휘파람이 불어오면
텅 빈 가슴앓이를 하는가?

생의 본능처럼

생존의 피딱지같이 말라붙은
숫한 상념들 천사의 펴즐로
얼굴을 씻는다는 것은
본연의 얼굴로 되돌린다는 것

천지의 신선한 기쁨은
번개 같은 햇살이 떠오를 때
소통의 넋을 품어줄 수 있기에
험한 항로를 헤쳐 나가는 선구자로

내 가슴이 허물어져도
기억의 창고에서
함초롬하게 빛나듯이
비워내고 투명해지는
삶의 윤기가 향기로 번져
허공의 모순을 무의로 되돌리리라

천연의 허공을 굴착기로 길을 닦고
좌판, 내린 재래시장 밤의 장터를
꿈의 궤도로 달려가리라

시한부

시한부 인생의 희로애락을
지우개로 마음을 지우고 싶다
와인에 취한 낙조가
붉게 하늘에 물을 들이듯

내 가슴속의 응어리를
심연으로 풀어줄 바다는
하얀 이빨을 드러내고 철석이며
서곡의 환청들을
모래톱에 조약돌을 묻는다

내일이 다시 찾아오면
동천에 아침 햇살이
온 세상에 눈이 부시도록
평화롭게 떠오를 테니까

동경

꽃단장을 한 새봄은
입김처럼 떠나가고
파랑새가 된
들꽃들이 머문 자리

끝내 토해버리지를 못한
어둠 속에 꿈꾸고 있다

자석에 끌리는 마음속에
목련 꽃잎이 파르르
꽃샘바람결에 떨고 있다

핑크빛 사랑에 취한 설렘은
횃불로 달구어지고 있는데

풀벌레가 우짖는 망향
긴~ 돌담길을 걸으면서
별빛이 흐르는 강 건너
그 님 생각이 머무는 곳
잠을 못 이루고 서성인다

회억의 가슴에 부딪히는 노도

지난밤의 불면으로
충혈된 눈동자는
모래사장에 사금이 반짝이듯
욕망의 눈빛이 서성인다

삶의 생존에 덧칠을 하듯
우주에도 송골송골 맺힌
눈물방울이 고여 있다
정지된 추억을 각인하는
기억의 창고에서

푸른 하늘의 뭉게구름을
낚시질하는 맞바람에
가슴에 부딪히는 노도가
호숫가에 찰랑 찰랑대는
회억의 비늘들이
그리움의 물빛으로 산란하니

북두칠성 순례자 혜성(彗星)은
희망찬 파노라마를 친다

누에

송충이 떼들처럼 사각사각하는
뽕잎을 뜯는 소리가 정겹다
주름진 몸뚱이의 마디마디로
걸음마 하는 뽕가시자벌레처럼
하늘을 향해서 노래를 고한다

달빛 한 번 보고 똬리를 품고
달빛 두 번 보고 허물을 벗고
달빛 세 번을 보고 실타래로
온몸으로 키운 인고의 살결

그~ 고운 비단의 실패로 감으면서
지난 세월로 키운 금, 은빛 결로
질긴 영혼의 장례 고치로 남겨두고

영원한 안식처의 그곳을 향해
비단의 꿈을 가슴에 품고서
번뇌가 허물을 벗는 너,
죽어서도 인간의 영양 보시를 하며
하늘로 훠이훠이 새처럼 날아간다

성황당 느티나무

삶의 무게로 어깨가 짓눌린 나무
핏줄은 동맥경화가 되고
피부는 거북이 등처럼 굳었으나
모진 설한과 비바람에도
굳은 절개는 지조의 파수꾼이지만

태풍의 눈 광난 속에
할퀴고 찢어지고 뿌리마저 뽑혀서
얼마나 아파하며 울었을까?

상흔이 피접한 모진 풍파 속에
네~ 모습이 애처롭구나!
너와 나는 자연의 순리대로
겸허하게 대자연의 품속으로
영혼이 천상에 회귀(回歸)하는 거다

올레길

삶이란 치유하기 때문에
술 한 잔에 정을 나누고
노을처럼 귓불이
붉은 바다에 내려앉는다

봄바람으로
낚시질을 하는
얼굴을 어루어 만져주듯
대화의 꿈은 꿀맛이다

눈빛으로 바라보는 미소는
보이지 않아도 행복한
영혼의 진동으로 하나의
일체감을 숙성시켜준다

자연의 키워드는
순리와 질서에 따라서
얼어붙은 가슴 심장이 아리다
육신의 체온을 녹여주듯이

제6부

우리 안에 너희가 있다

보석 같은
달콤한
말(言)의 뒤에는

언제나 유혹의
가시를 품고 있다
꿈은
춘몽이니까

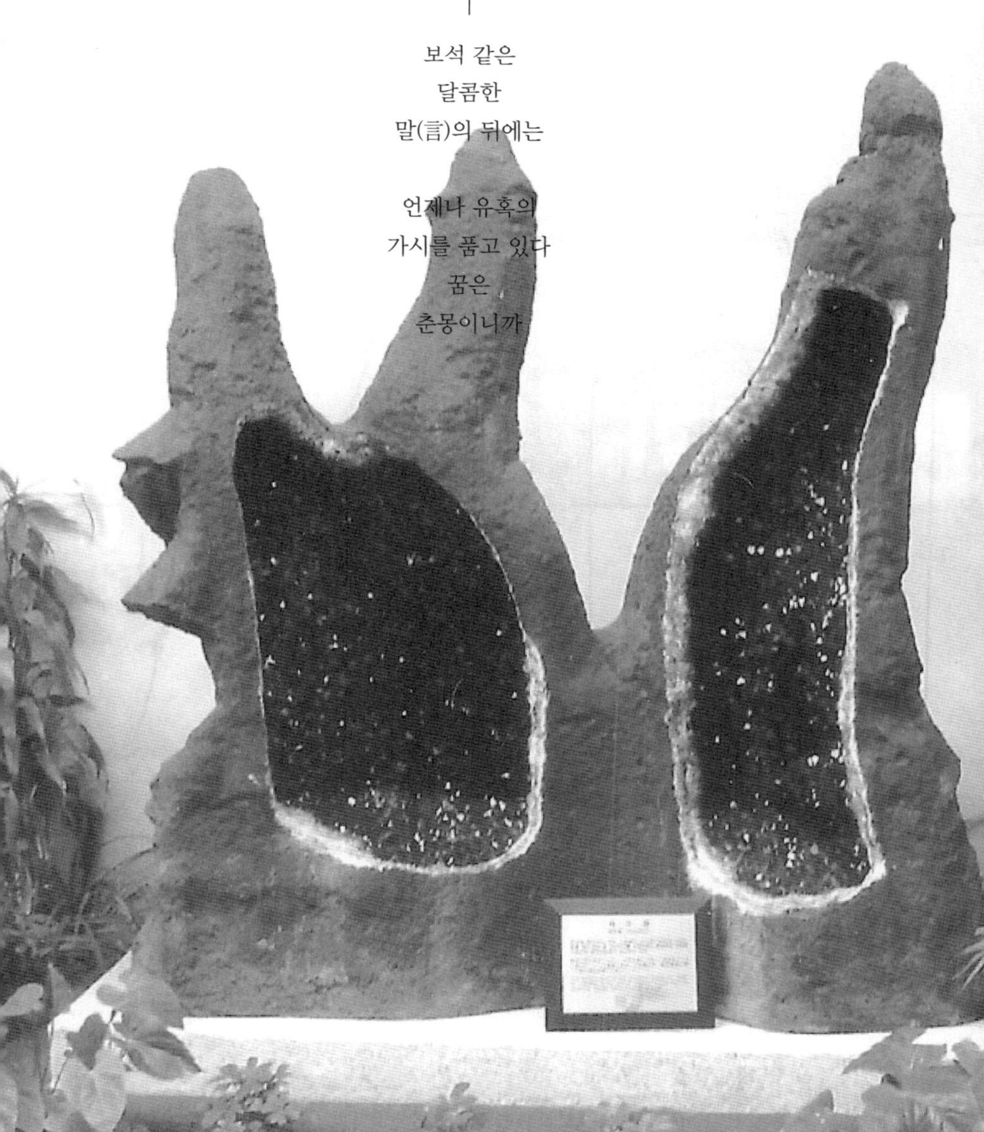

우리 안에 너희가 있다(我中有尔)

세월의 행간에 그리움의 무게가
어디쯤 머물고 있을까
세상을 굽어보는 나뭇가지에
꽃바람의 골짜기에는
탐욕에 번민하는 중생들
세월만 자꾸 얹어놓는가?
푸른 초원, 게르(ger)의 깃발은
기다림을 곧추세우고 있다
붕정만리 달빛의 씨앗은
초가지붕에 하얀 박꽃을 피우는데
날마다 소란스런 문명과 이기심은
다양한 유무색의 색깔논쟁으로
세상을 덧칠을 하니
과거와 현재가 혼돈을 하는구나
귀로(歸路)의 본질은
심연의 창 하나를 열어놓고
기다림이 아닐까
가슴이 바다에 노을처럼 출렁이듯
주야장천 아지랑이 곱실대는 담, 너머
어떤 세상이 기다리고 있을는지…

시간을 되돌릴 수만 있다면

언외지의(言外之意)가 역동적인
고요가 현해탄을 건너가듯
아우라지 냇가의 은어 떼로 흐른다
홍시가 머리 위에서 떨어질 때마다
부글거리는 목구멍에서 신트림을 하니
나무 밑에 빨간 맨드라미 볏을 한
장닭이 소스라치게 놀라 날개를 편다
평상 위에서 얘기꽃을 피우던 이웃들
새우처럼 몸을 좁혀가면서도
침묵과 포용의 눈빛은 황홀하다

삶의 구도에서 명멸해지는
거울 앞에서 풍진도 시간에 지쳤나 보다
역마살을 끼고 나온 인생은
유랑의 나그네로 살아온 지 반세기
시간만 되돌릴 수 있다면
길 잃은 양 떼가 사막에 헤매지 않도록
지금의 정점에서 멈추기를…
여인은 무인도에 표류해도
거울만 있으면 삼 년을 버틴다는 말처럼…!

꿈을 캐며 산다

불현듯 찾아오는 메아리가
화폭이 되어
꽃잎으로 다가오는
뜨락은 안개로 스쳐오듯
여운을 긋는다

풍광마다 숨결로 마음 적시는
벅찬 희망으로
사계가 번지는 창가에 앉아
연둣빛 하늘을 바라보는
벅찬 숨결은 홍초로 노을 짓는데

지난날 뼈가 시리던 모래성은
인고의 풍광에 고독이 쌓인다

지난 세월을 들추어보면
일렁이는 호숫가를 휩쓸고 가던
홍수와 같지만
반짝이는 석류알의 보석으로
꿈을 캐는 꿀샘이 있다는 것을

어깨동무

우리는 몸은 둘이지만
평행선을 달리는
마음만은 하나여서 좋다

우리는 꿈을 먹고 살기에
언제나 가슴에 설렘이 있어
기쁨도 슬픔도 함께하니 좋다

그대와 나는
혼자가 아닌 어깨동무로
수레바퀴처럼 세상을 돌고

그대와 나는
모닥불처럼 타오르는 연가로
추억을 되새김할 수 있어 좋다

우린 간이역에 쉼표 하나 찍고
종착역 머무는 곳까지
서로 손을 잡고 가니 행복하다

오뚝이 인생사

오뚝이의 칠전팔기 삶의 무게는
8×8=곰배팔이라고 했던가?
고향 산천에 눈도장을 찍는
환상의 파노라마 속에서
내 영혼의 냄새를 맡고 있다
청포도 알의 사이사이로
하늘이 조각된 환몽의 편린들이
장막 속에서 꿈을 꾸고 있다
칡넝쿨처럼 줄기찬 생명력으로
호숫가에서 물수제비를 뜨고 있는
팔색조가 머리를 풀고 나면
잠언에 숨겨진 비밀들 파문을 일고
진홍빛 피 한 덩어리가 꽃의
별자리로 고여 있는 꿀샘 속에
경계의 벽이 낙관을 찍어놓고
지워진 언덕의 발자국에
찔레꽃이 함박웃음을 피고 지니
황혼이 낙조를 찍으려 하는데
창가에서 서성이는 별빛은
내 가슴에 솜방망이질을 하누나

교향곡이 머무는 자리

봄이 온다는 곡진한 마음으로
한 움큼, 남은 질곡의 인생 계급장
방향을 잃은 나그네의 이정표는
탐욕과 성냄도 없이 푸르게 살라지만
낙조가 집시로 허우적거리는데

마침표가 갈무리하는 하늘을 본다
햇살 구름 날개가 떠오르는 무주공산
유령이 춤을 추듯
바람의 가면에 넋두리를 잃고
그리움의 씨앗이 맞바람이 되어
붉은 울음을 토해내는가?

사랑의 미로는
선비가 낙향하는 마음처럼
마술 주머니에 돋아나는 퍼즐로
신과 소통을 하며 숨을 쉬는
천국 문을 북을 치며 두드려본다

청지기 바람꽃

삶의 뒤안길 그물에 사로잡힌
인간 띠 울타리가 강물로 흐르고
휘파람을 부는 바람으로
달빛 요정을 미치게 하는
변주곡은 연자방아를 찧는다

내 영혼의 연골은
찐 옥수수의 하모니카를 불면서
전설처럼 쌓아놓은
당산나무 밑 성황당에
노을 따라 춤을 추듯
고추잠자리가 허공을 희롱하는
늘~ 텅 빈 그곳에…

한 줌의 내 영혼은
사랑과 연민으로 가득 채우듯
허기지면 채우고 넘치면 비워야 하는
삶의 윤회가 바람 등을 타면
억새가 무희 하듯 덫을 토해내니
바람은 언 가슴 녹이며 울고 있다

바람은 없는 길도 간다

하늘은 경계선이 없듯이
눈물과 통곡으로 보낸
혹한기 껌딱지도 밀어내고

봄의 품 안에 안기려고
자연이 품어주는 리듬 타고
길이 없어도 달려오는
봄바람이 진로를 열어주니

내~ 마음 안의 깊은 곳에
너의 영혼을 간직하고픈

나비는
꽃의 접시관 쉼터에 앉아
평강을 되찾고 웃고 있다

강남제비는
흑진주를 입에 물고 오니
그리움이 붉게 타오르는
나의 숨결로 너를 따뜻하게 하리

미몽(迷夢)

산등성이를 휘몰아서
불꽃처럼 타오르는 봄

그대의 가슴에 핀 꽃
모란처럼
몽글몽글한 미몽으로
언제나 가슴 두드리는
연가처럼
그대와 나 손 맞잡고
꽃구름처럼 날고 있네

시공(時空)에서
찬미하는 사랑
키스(Kiss)를 하면서
쌍두마차로
구름 위로 날고 있네

오늘 밤의 무대는
당신과 나의 자양분을
한 몸의 횃불로 승화하리

동공은 꽃보다 아름다워

세상에는 꽃보다도
더 아름다운 것은

천진난만한
아가의 숨결과 미소를
어찌 꽃과 나비에 비교할까

세상의 명경 속에 비친
아가의 초롱초롱한 꽃은
마음과 마음으로만 볼 수 있는
꿈을 심어놓은 자화상으로

신화를 창조하는
인간애의
사랑 꽃으로 핀다

미말의 휘장

어둠에 갇히면
세상은 소멸하는 것
어둠은 세상에 오는데
껌딱지로 붙어 다니는
운명(運命)의
전율이 흐르고 있다

낙엽도 금침을 싸놓고 있는데
이젠 수맥이 다 흘러내린
황혼의 들녘에 선 나는
지난 신상기록을 대변해주는
이력서도 다, 버려진
세월의 무상함은

삶의 뒤안길 피안은
담장 너머로 버려질 육신을
구름의 담장으로 넘겨서
뜨거운 가슴을 열고
윤회하는 사계에서
순례자의 길로 향하리라

삶이 하나의 놀이라면

가슴의 심장은 진정한 깨달음을 안고
한결같이 오래 서 있는 나무처럼
갈망은 자유에 대한 그리움인 것을
다정한 바람이 팔에 유혹되듯이
죽음의 발등을 찍는 삶의 쾌락만 느끼면서
양심만은 더 줄어드는 세속일지라도
침묵하는 자화상의 명상에서
내가 알지 못했던 그 어떤 열망들을
꿈이 이루어질 때까지의 비전도
삶의 의미를 상실한 것처럼 말하지 말라
세파라는 속박의 끈을 잡고 일어서라

삶을 이해하며 영혼의 구원을 부르며
산다는 것은 결코 죽지 않을 것처럼
긍정과 부정 사이에 좌판놀이를 하지 말라
강자에게 약하고 약자에게 강한 사람들
서로가 믿을 수 없고 자기중심에서
앞뒤가 맞지 않는 그런 사람들도 용서하라
삶과 죽음의 걸림돌이 없는
자신을 스스로 다스릴 줄 아는 사람이 되라

장승

허수아비는 먹지 않아도
배부른 풍요의 건달이지만

너는 어찌하여
영혼을 빼앗겨서
자신의 자리도 모르고
시선만 놓지 못하여 우두커니
자신의 영혼마저
스스로를 가둔 채

어느 곳에서도
달빛과 태양만을 향해 빛바랜
첫사랑의 흑백사진 추억처럼
생애를 반추를 하려는가?

세월을 뒤돌아보면
내 영혼은 어느 곳에도 없고
장승같은 내 그림자뿐인 걸~

세례식

물의 촉수를 감지하라
네 갈증을 해소해줄 테니까

물길 따라 흐르듯 웃어라
평화의 종소리가 들릴 테니까

촛불에 감흥을 하라
너의 영혼을 정화해줄 테니까

지상에서 물구나무를 서라
세상이 새로워 보일 테니까

천상의 별들을 바라보아라
너의 원죄의 끈을 풀어줄
그분이 바라보고 있을 테니까

자드락길

새로운 세상의 문고리를 열고
마음의 교향곡을 엮어주는
산길과 물길이 낙엽처럼 흐르고

아니, 빛바랜 고향을 품고 있는
산길 따라 물길 따라 흩어지고
이루지 못한 첫사랑의 온도도
시간이 흐르면 더 단단해지는가?

산길과 물길은 추억의 뒤안길에
그리움의 꽃동네가 피고 있다
그 희망봉의 산꼭대기를 향해서

나그네의 오르막과 내리막길은
성황당에 내공의 꿈, 탑을 쌓고
쉼표와 숨결을 불어넣는 그곳

무지개의 옹달샘 옆 쉼터에는
내 영혼이 머무를
영원한 안식처 꽃자리를 펴고 있다

객로(客路)

달님은
호숫가에 둥지를 틀고 있다가
그림자로 허물을 벗고
해님은
술에 취해서 홍당무가 되었다가
바다의 늪으로 빠지고
가로등은
발자국 찍는 그림자만 안고
임, 떠나간 아쉬움만 회고하는데
내 눈동자는
촛불로 가물가물거리면서
소녀처럼 첫사랑에 손짓을 하니
나의 영혼은
전설 같은 로망에 사로잡혀서
예쁜 꽃신을 신고
그대 오시는 날 길목에 서성인다
내 입술은
목이 말라서 입을 다물지 못하듯
죄를 가리기 위해 향수를 뿌리니
영영 가슴에 못이 박힌
당신의 그리움만 절절 끓고 있다

세상만사는 바람꽃인 것을

뽀얀 안개가
산허리를 칭칭 감고 있어
구름 위에 산란하는

산은 깃털처럼 내려앉는다

산 백목련은
안개와 물방울이 맺힌
하얀 속살을 내보이며
지난 세월을 살아온
격랑에서

세상만사는
도전과 좌절이 담긴
+.− = 가
삶의 흔적 중
빈칸에 허술함의
공백을 메꾸고 싶다

아직 꿈이 마르지 않은
수채화처럼
영혼을 달구고 싶다

도시의 숲

인간은 발바닥을 핥고 가는데
도시의 조각들은 만물상으로
장난감처럼 널브러진 곳에서
신음하는 무념무상한 인간들

길바닥의 개미 떼들처럼
살충제 한 방울에 몰사하듯이
빙하의 숲은 해일의 귀를 닫고
장대로 뛰어넘는 기교는

신이 만물에게 바람을 막아주는
삶의 지혜를 주었는가?
행복은 감사로 앞문으로 가고
불행은 저주로 뒷문으로 나간다

그곳에 가고 싶다

— 외연도*

너의 족쇄가 기억의 저편에서 찰랑댄다
소금꽃이 피는 바닷가에 파도를 붙들고
너를 향해 물끄러미 바라보면
수초가 나부끼며 손짓을 하니
석양이 그렁그렁 울고 있다

빈 둥지 터널 가깝고도 먼 섬의 절규
이역의 별빛만이 초롱초롱 빛나고
가슴을 다스리지 못한 파도가
바람을 비벼대니 수평선 저 너머에서
등대가 파도 위에서 용트림을 한다

하늘에 입을 다문 조가비의 꿈은
희미한 은모래성 위에서
뜨겁게 울고 출렁이는 파도 위에다
눈동자의 지문을 찍고 가는 거다
심오한 진리를 품은 조약돌 깨우침은
침묵의 눈빛으로 가고 있다

* 외연도 : 충청남도 보령시 오천면에 속하는 섬. 천연기념물로 지정된 상록수림이 있으며, 새우 · 조기 어업과 굴 양식업을 주로 한다. 면적은 1.8㎢이다.

위선의 좌판대 풍상

밤하늘의 가슴에 보석이 반짝거리듯
지난 삶의 청량제를 마시고
우주의 문신으로 새겨진
빈 항아리에 마음을 담아가는가?
가을을 불태우고 날개를 접는
전설 속의 지난날에 기억들
심장 깊숙이 파고드는 체념은
생명의 숨결이 내 안에 터를 잡고
뜨거운 심장으로 뛰고 있는데
삶의 좌판에서 들꽃 향기를 품고
자연의 멍에를 지고 가는가?

언제나 질곡의 절박함 속에서도
기다림의 등불로 귀를 기울이며
추억을 그리워하는 심령 속에
산다는 것은 지나가는 바람에 나뭇잎 지듯
긴~ 터널에 숨결을 헤집고 자맥질하며
목마른 햇살이 갈증을 품고 가는 거다
노을빛에 둥지의 꿈을 엮어가는
원앙새 한 쌍의 나들이를 하는 것처럼…!

하늘이여

그대의 기다림은
대화의 창구입니까

한 폭이 스치는
미풍의 한 조각이
잠시 멈추고

내 창가에 걸린
하늘의 열린 마음을
담아가고 있습니다

하늘이란
공허의 기다림일까

잠자리

고무풍선도 아닌데
하늘을 날 수 있는 기적은
날개가 춤을 추니까

비행기도 아닌데
하늘 높이 날 수 있는 것은
꿈이 있기에 고공행진을

프로펠러도 없는데
멀리 날아갈 수 있는 것은
빛살무늬가 파도치니까

가벼운 문풍지의
깃털로 꼬리 무는
십자가를 지고 가니까

하늘비가 오는 날

하느님의 파발로
천사가 오색 무지개를 타고
옹달샘에 내려앉으면

산천 초목들은
신들린 무녀처럼
춤을 추며 노래한다

산은 구름바다를 모으며
나무는 새들을 등에 태우고
덩실 두둥실 춤을 춘다

하늘비가 오는 날에는 늘
긴~ 머리채를 풀어 향기를 품고
바람과 속삭이며 춤을 추러 간다

하늘비는 구름 뒤로 숨은
햇살과 술래잡기를 하면서
그님을 찾아 오작교로 간다

제7부

당신이 살아가야 할 이유는

시인은

새가
노래를 부르듯
별을 따는 가슴으로
자장가를 불러야

홍학도 나비도
춤을 춘다

당신이 살아가야 할 이유는

지리멸렬한 삶의 뒤안길에서
세상 속으로 빨려 들어가는 동안에
삶의 가치가 무엇인지를…!
깨달아가고 있다는 사실은
거센 폭풍우를 등에 걸머지고
마음을 마구 흔들어대어도
외로운 마음이 한없이 고달파도
그 황량한 사막의 길 위에서
오뚝이처럼 쓰러지지 않는
별들이 구름 사이로 반짝이며
그 눈빛으로 길잡이가 된다는 것은
당신은 이미 미지의 세계 속에서
부흥하는 개척자라는 것이며
광야의 주인공이 되고 있음을 깨닫고

지금의 당신이
무엇을 해야 하는지를 알고 있기에
멈추지 않는 진로를 계속 정진하면
모세의 기적처럼
꿈은 반드시 이루어진다는 사실을

어쩌다가 종점까지 왔는가

꽃처럼 세수도 화장을 안 해도
홍안의 시절 청춘은 꽃이 피었는데
지금은 화장으로 본색을 감추는
광대놀이를 하는가?
입이 얼어붙어서 말을 못 하는
눈사람도 내 그림자도
배신할 줄을 모르는 척했는데

지금은 시간도 세월도 갈 곳 없는
미아의 맞바람이 되어서
서걱거리는 갈대꽃의 흔들림에
파도가 너울 치는 하얀 진주가
물빛조각으로 곰삭아 울고 있는데

이마엔 인생 계급장만 늘어나고
머리가 파뿌리의 백발 자화상은
세월을 비껴가고 싶었지만
길 잃고 저물어가는 긴 그림자
황혼의 주막집에 주저앉아서
곰삭은 영혼으로 울고 있는가?

케렌시아*

몸이 좋으면 마음도 편해지는 법
가다가 지치면 쉬어가라
실어증에 걸린
마음의 불기둥을 다스려라
사생화의 밑그림을 그리듯
교태는 사지에 내맡기고
잠시 숨 고르면서 생각하라

고독한 나그네 방랑의
절규는 골다공증을 앓고
꽃잎으로 떨어지나니
절망도 불신도 미움도
내밀한 그리움만 발돋움 친다

숱한 세월이 뱉어낸 소망들
내 가슴에 알알이 꽂힌
'큐피드'의 애잔한
사랑의 화살을 맞고 싶다
민낯으로 하늘을 우러러보며…

* 케렌시아(Querencia) : 스페인의 투우용어로 '피난처' 혹은 '안식처'라는 뜻.

홍등의 미소

세상 풍상 다, 이고 가는 사계
시간과 공간 동면의 길목에서
앙상블의 황홀함은 어찌할꼬

미리내의 구름바다 위에
훈장처럼 알알이 가슴에 품고
붉게 피어오르는 수양감

여름 햇살 태워서 불어넣고
가슴을 유혹하는 홍등 여신
사랑의 결정체 영혼들이여!

사다리 변주곡마다 꿈을 엮고
천상에서 그네를 타는 너는
허기진 설한에 새들의 성찬으로
무릉도원에 보시 잔치를 벌이나

언덕 위의 갈무리

목화 구름이 호수를 가두고
바람 피리 소리에 밤은 울고
맑고 청아한 내음 무르익는
한 소절을 엮어가는 가을빛
그림자가 숨바꼭질하는
산 뒤에는 산이 숨어 있다

천둥소리에 바다의 지평선은
포말의 속울음을 토하니까
수초는 파도 안에서 잉태되고
바다 연꽃으로 떠오르는 섬들
바위 귀가 파도구름노을 치니
키다리가 없는 까치발로 보니
낙조는 해풍에 묻는다

초점이 흐려지는 새벽 종소리는
긴~ 그리움의 추억을 안고
세상은 파도치는 고뇌인가?

달동네

기러기가 지도를 그리며 간다
파도 그네를 타는
몽돌은 수행의 기도를 하는데
꽃잎이 팔랑거리며 웃고 있는
너의 교태는
내 안에 가득 담은 숲 향의 파도 소리
사람이 참지 못하는 것은
첫째 배고픔이요
둘째 그리운 사람 보지 못하는 거
애증은 심장을 뛰게 하는
욕심에 짐만 커가고 있는데
달동네의 양파 껍질은
먹구름만 자욱한 마천루
잡초 같은 마음은
무쇠 바람 동장군을 끌어안고
허벅지와 가슴만 시리다
겨울 그림자 속 주마등처럼
무심한 군상 속에 묻혀서
칼바람 속에 떨고 있는
상처받은 영혼들 침묵만 흐른다

바람 귀는 빛의 그림자

억새는 휘모는 산바람에
하얀 머리를 풀고 울고
갈대는 강바람으로
심오한 피리를 부는데

바람의 언어들이 나래 치니
코스모스꽃은 산들산들
길손에게 방끗 웃고 있다

겨울은 봄을 희롱하고
봄은 화들짝 꽃의 무희 잔치
여름은 봄을 시샘하면
가을은 여름을 밀어내고

기차는 달리는 간이역에
그림자의 여운만 남긴다
애증은 심장을 뛰게 하는
영혼의 바람인 것을

그림자

당신이 떠난 자리
당신과 함께한 긴 의자
나는 한동안
그림자를 찾고 있다

미운 마음을 비우고
그림자만 남은 당신
정지된 시간에
그림자만 걸어가네

비가 올 때나
눈이 내릴 때
그 자리에 서서
그림자만 웃고 가네

눈이 오고
비가 와서
그 자리에 앉아도
그림자는 웃고 가네

겨울 나그네

겨울 숲에 적막이 멈춘 산새들도
침묵의 가지로 웅변을 하듯
낙엽들도 체온을 나누어주고
눈은 솜이불로 덮어주며
고난의 추위를 감싸주고 있다
살을 애(哀)는 아픔의 강을
신음도 없이 건너가듯 음습한
지하 감옥에서 뿌리로 물을 내리고
고목의 담금질로 자서전을 쓰고 있다
앵무새는 빈 가지 위에서
침묵 속에 갇혀 있는 빗장을
그 애틋한 기다림으로
인고의 벼랑길을 붙잡고서
입술을 간질이는 한 톨의
목울대를 잡고 있는
빛은 어둠의 껍질을 벗기고
하얀 나비의 떼들이
봄이 온다는 곡진한 믿음으로
초록커튼을 여는 자유를 갈망하니
새봄은 기다리는 구원의 손길을

변주곡의 굿판

홍시가 무지개의 홍등을 켜고
화려한 굿판을 벌이면
그리움의 무게도 출렁이고

나그네의 바람이 서성이는
눈물 고인 물, 그림자 위에서
세월의 강을 넘지 못하고
꽃 비늘로 흔들고 머문 자리
응고된 심상은 덫을 토해낸다

헛기침을 하듯이
가슴은 가을로 두근거리지만
허나, 풍전등화와 같은 별리(別離)
그 삭풍에 고진감래하는
언 가슴을 녹이며 울고 있다

여백

허수아비가 가을 들녘에서
새들을 쫓아내는 그 빈자리
그대가 오지 않더라도
바람의 귀를 타고 오는
그 자리에서
꽃 등불을 밝히면서
나는 기다리라

가슴을 비워두고
태양을 품어 안 듯 반기리라
그대여! 소라 껍데기 속의
뱃고동 소리가 들리는가?

구만리 장천의
그림자의 벽을 넘나드는
허공에서 두드려야 하는 북소리

인간들의 속물로
바람 한 자락이 머리 풀고 가는
광인의 기도 소리처럼…!

축복받은 환상의 호주

한반도 면적의 약 35배의 크기에 달하는 광활한 대륙으로
풍부한 자연과 천혜의 경관을 가진 복지국가의 낙원이라
보석 꿀 로열젤리 상어연골 스콸렌(스쿠알렌) 등 건강식품과
세계 제1의 양모생산지 가죽 모피 양카펫이 유명하다

시드니(Sydney)는 세계 3대 미항 중 하나로
호주입국의 관문으로 경제 문화의 도시로 아름답다
자연경관과 유서 깊은 명소로 황금빛 해변은
활기가 넘치는 남태평양의 교도부가 아니던가?
해변의 본다이와 맨리 비치에서 해수욕 서빙도 즐긴다

시드니 수족관(1,000종 어패류)은
남반구 제1의 높이를 자랑하는 타워
멋진 항구와 해변들 햇살이 가득 찬 지중해식 기후는
천혜의 자연조건을 갖춘 매력은 흥분과 모험이 가득 찬
낭만적인 바닷가에서 요트를 타고 파도를 가를 때
바람 위에 날고 있는 심장의 고동 소리는

활처럼 구부러진 하버 브리지는 세계 2위 긴 천상의 사다리
매혹적인 황홀함에 붉게 물들여 몽환적이다
섬처럼 떠 있는 오페라 하우스는 커팅 된 오렌지 조각에서

그 디자인이 유래된 시드니항의 상징을 사진 속에
나의 마음을 가슴에 담아 허공에 띄우리라

그랜드 캐니언 블루 마운틴 국립공원은
유칼립의 오일을 공기 중으로 내뿜을 때 증발된 수액이
빛과 반응하여 파란색의 안개가 생성하는 데서 유래되고
궤도열차를 타고 산 아래 수직으로 하강 후
울창한 아열대 펀나무(Fern Tree) 등 희귀한 밀림 속을 산책하고
곤돌라를 탄 여행객들은 자연경관에 매료되어간다

또한 페더데일 야생동물원의 코알라 캥거루 에뮤 등
희귀동물들의 촉감으로 마음을 느끼고 가슴에 담는
관광기념을 위한 한 폭의 사진과 발자국을 남기며
마치 타잔이나 된 것처럼 숨 가쁜 체험을 꿈속에 담을까?

포트 스티븐스(Port Stephens)의 하얀 모래성의 해변은
수정같이 맑은 물과 아열대성으로 알려진 아름다운 휴양지
크리스털처럼 깨끗한 물과 풍광이 화려하고
부드러운 해변은 야생 돌고래들이 춤추는 것을 볼 수 있으며
스톡턴 비치에서 사륜구동 자동차를 타고 사막 샌드보트 타기
돌핀 크루즈 드라이브 조개잡이 등 생활체험을 하며

사막에 숨은 모습 오아시스를 찾아가는 마음으로
남태평양 가운데 푸른 바닷가에서 낭만을 만끽하고

늘 푸른 청청의 와인 농장에서 시음향기를 가득 담듯이
새로운 세상을 접하는 듯 가슴이 설레고 두근거린다
스타시티 카지노 견학과 오오이리선상, 뷔페식당에서
다양한 해산물과 과일 샐러드 초밥 등
맛의 교감을 감미롭게 나누는 오감만족 체험 속으로

과녁의 갈무리

지난 추억이 살아 있는 창고에서
더듬을수록 속살이 보인다
바람에 촛불이 농락당하니
갈증을 차마 채우지 못하고
마음의 애증은 되돌릴 수 없는
올무에 잔인하게 잡힌 애증은
돌아설 곳, 숨을 곳도 없는데

서로가 투정을 부리듯
노을빛으로 물드는 기다림의 넋들
낙엽을 짓밟는 소리가
서걱거리는 마음도
절망의 강물로 흐른다
노을이 넘지 않으려는
마지노선 산봉우리에 걸려 있듯
성애로 가득 찬 달빛은
하늘의 사막에서
산허리에 굴러떨어지는
일장춘몽이노라

지리멸렬

비단 한 자락 깔아놓은 숲길
요정 속에 숨 가쁜 열정으로
귀를 접어도 낙엽 소리는
지난날 이야기꽃을 피우는
발굽으로 피아노를 치는데
다람쥐가 추수 감사로 춤을 추니
해시계가 노을에 적멸되니까

초원에 풀벌레들의 기다림은
실어증에 번민으로 땅거미가 지면
소경은 초승달로 눈을 뜨는데
햇살마저 기댈 곳이 없는 초우
맞바람 앞에 가슴이 무너지는
나그네의 산 그림자로 출렁인다
하늘의 사막에서 성애로 가득 찬
달빛은 산하로 굴러떨어지면
겨울새도 황망히 북망산으로 떠나고
해거름 들녘에 흠뻑 빠진 노을에 홀려
낙엽의 촛불에 농락을 당해도
마음의 애증은 되돌릴 수 없는가?

수의를 입은 나무들

멀리에서 환청으로 들려오는
숲의 울음소리가 들린다
기적을 심는 생명의 용트림을
마음 안에 곳간을 쌓는 심연으로
모험 속에 자율학습을 하는데…

상고대의 꽃 눈물 자락은
해실한 초겨울 삭정이로
마음 안에 울타리가 없는
벌거벗고 극기 훈련을
신음을 하며 좌정을 한다

세속에 욕심을 부리지 않고
하루살이가 속삭이듯
소멸의 시간 속으로
눈빛 이슬로 미몽이 아롱진
여울목 같은 세파에 기적을 심듯

미소가 산소 같은 사람처럼…
무지개가 뜨는 뜨락에서
옹달샘의 추억을 먹고 산다

가슴의 뜨락에 핀 그리움

연분홍 치맛자락을 뒤흔들며
봄을 캐는 소리에
초승달이 웃고 있다

기억하고 싶은 얼굴들
달빛이 나뭇가지에 걸어놓고
사뿐사뿐 걸어오니

화들짝 놀란 꽃송이마다
가슴 깊이 새겨두었던
구구절절한 사연들…

가슴, 저미도록 지워지지 않는
꽃가루를 뜨락에 뿌려서
그리운 임, 지르밟고 오시라고

꽃 핀 자리의 가지가지마다
잊지 못할 그리움 새겨두고
이별 아닌, 기다림의 바람으로
내 영혼을 적셔 기대어봅니다

무신불립(無信不立)*

눈부신 햇살에 날개 달고서
바람을 타고 오는 임이여

미로 속에 감추어진
첫사랑의 그림자가
봉황으로 승천하는데

들꽃 공주가
평화의 팡파레를 분다

무릉도원에서
혹세무민의 길라잡이로

무초들의 둥지 속에
황금알을 품고 있느니라

* 무신불립(無信不立) : 사람에게 믿음이 없으면 살아갈 수 없다는 뜻. 사람이 살아가는 데 가장 중요한 미덕은 신뢰라는 말이다. (출전 : 『삼국지』)

군자는 때를 기다리지 않는다

세월의 초침이 멈춘다 해도
그림자 하나가
텅 빈 가슴속에
파문을 일으키지만

나무는
옷을 입을 때도 알고
옷을 벗을 때도 알 듯
고요와 침묵 속에서

쇼윈도의 주인공으로
당당하게 순종의 화신으로
우주의 창을 여는

나목(裸木)은 청빈한 군자처럼
설한의 한파에 맨살을 드러내고도
자숙(自肅)과 인내(忍耐)를 하며
거친 숨소리만 토해낸다

부활(復活)의 시기(時期)와
그 때를 믿고 있기 때문에

시인

시는
빛과 그림자로
마음 안의 별이다
설렘과 느낌을 공감하는
충격요법이니까

시인은
마음을 낚는다
꿈을 심는 좋은 생각으로
자신의 영혼을
성찰하며 정화한다

시는
인문학의 거울이며
향기 나는 문학의 꽃으로
꽃을 가꾸는 사람은
시인이지만
민초들이 꿀을 품으면

온 누리는 참사랑으로
소우주 항아리에 담는다

외로움

사금 같은 모래알로
꿈이 얽히고설킨
백사장의
발자국을 지우면서

나는 갯벌로 가서
게들과 숨바꼭질을 하며
함께 놀고 있는데

파도가 두루마리로
님의 옷자락을 삼켰다

삶의 옹이는
상처가 아닌 꽃순이니까
나의 노래를 잊어버릴까
노심초사하면서

새가 새장에 갇혀서
불안해하면서도
무엇인가 갈망하고 있듯이

고무풍선

가슴은 텅 비었지만 세상의 유혹에
영혼의 별로 부푼 가슴 엮어가며
꿈을 펼 수 있는 UFO로
하늘을 훠이훠이 날고 싶었습니다

어디서든지 연착륙할 수 있는
비행장도 무소유이니까
자유분방한 유산소운동으로
영혼 구름으로 떠다니고 싶었습니다

우주선으로 천지를 여행하며
폭죽을 터뜨리는 함성에
솔개가 겁을 먹고서
날개를 접고 영공을 떠났습니다

허나, 공중의 족쇄에 잡혀서
핵폭탄으로 산화를 하니
인류는 멸망하지 않을까 하는
몽상의 희비는 있거나 말거나 합니다

제8부

천천향(天泉香)의 노래

물고기는
먹이만 보고
낚시를
보지 못하듯

세상사는
눈 뜨고도 코를 베는
약육강식이니까

천천향(天泉香)

김효태詩 노정숙曲

세 상 에 처 음 태 어 나 올 때
스 치 는 몸 짓 으 로 흔 들 고
삶 의 걸 음 을 - 노 래 하 듯 울 - 었 다
그 러 나 눈 물 은 기 쁨 과 - 슬 - 픔 을
남 자 - 는 - 말 - 없 이 가 슴 으 로 울 - - 고
구 도 - 자 의 해 - 맑 은 생 명 수 - 처 - -
여 자 는 - 눈 - 물 로 호 소 를 한 - 다 - 네

D.S.
D.S.
D.S.
렴 내- 영 혼씻-어- 주 -는 묘 약 이 라
네 내-- 묘약이- 라 오 -

애향(愛鄕)

그리움이 꼬리 무는 고향
바람도 멈칫거리는 사이에
해바라기처럼
나팔꽃도 아침 나팔을 분다

태산의 뫼처럼
하늘도 무지개로 노닐다가
눈에 별빛이 톡톡 튀면
입술에는 환희의 꽃이 피고
뱃고동도 깃발만 나부낄 때

너를 찾는 진부한 사랑
뜨거운 눈빛으로
방랑자의 사슴처럼
막다른 고샅길을 가듯이

어둠이 세월 속에 눈먼 사랑
하늘의 저~편에
한 떨기 까치놀로 피어나니
애향의 바람이 넘어오는구나

봉황의 행진곡

하늘의 문고리를 잡고
봉황 그리는 한 땀인
사다리 타고 기어가는
주저리 달린 꽃 나팔로
임을 향한 그 행진곡은

하늘나라 누각에서
무지개의 연정으로
천사를 맞이하리다
소원을 성취하는
그날의 빛을 위하여

목울대를 메고 가는
바람 앞에 선 등불로
능소화 꽃수레를 타고
영혼 연못으로 가는
뒷모습이 처연하구나

눈꽃

하늘에서
천사가 내버린 쓰레기
하얀 별빛 날개를 타고
세상에 눈꽃으로 핀다

지상에는
마귀의 잡쓰레기들
온갖 환경의 오염물들
모든 허물을 덮어준다

하늘 쓰레기
흰 구름 신천지로 변해
지상에선 눈꽃이 되어
세상 평화의 은총이다

가치와 신뢰

임의 궤도 따라가는 해바라기도
착각과 폭죽을 날려 보내는
미망 속에 눈시울 나래 치는데
생각의 뿌리와 열매가 한 몸이니
사랑은 감성으로 깊이를 느끼고
깨달음으로 치유가 되니까
희뿌연 서러움도 삼킨다

구원은 빛으로 승화되어
가슴 후비는 부재가 사라지니
작은 공간에 시간의 그림 속에는
수많은 고뇌와 갈등의 옷깃 여미면
영혼이 흐린 날, 상대방 이용해서
무엇인가 얻고자 겉으로는 웃고
내심은 욕심을 계산하는 사람들

별빛이 하품하듯 떨고 있는 뜨락
가슴이 저미도록 눈부신 그대여
온몸을 기다림으로 달구어서
삶의 가치와 신뢰의 꽃을 피우기를

무념무상

바람난 억새 바람도 지난여름의
그리움이 망울로 맺히는
얼굴 붉히는 나뭇잎들
토해내지 못하는 가슴앓이로
얼굴이 빨개지는 사과와
풍요한 들녘의 벼는 고개 숙이고
무성영화를 찍고 있다

지난 번뇌의 풍경 소리가
창공에서 날개를 접는 낙엽은
욕심을 접는다

분장한 색의 가면 탈을 벗고
자양분을 발산하여
가슴으로 뿌리내려 재기의 그 날까지
침묵으로 밀월을 한다
청산(靑山)은 눈이 멀고
세상은 마음을 버리니
오고 가는 세월은
무념무상인가 하노라

진혼곡

대자연 속의 단풍은
오묘한 산신령으로
순애보의 열정

세시의 무게로
불타오르는
모닥불은 이별의 연가

진혼곡은
주홍글씨가 되어
스멀거리는 만가에
소복의
들국화로 피고 있다

삼불후(三不朽)

함께 가요 우리는
천상(天上)에는
구름 조각배를 타고 가는
긴— 사연처럼
지상(地上)에는
눈꽃 속에 피는 첫사랑도
나 홀로 떠도는 하나의
가랑잎의 조각배는
호반 위에서
언어로 출렁이듯…

삶의 회한(悔恨)은
기러기 떼로 떠돌면
교언영색(巧言令色)이
세상을 현혹시키고
가슴이 텅 빈 그곳에는
희망을 가득 채워지는
한 줌의 내 영혼에서
삼불후(三不朽)는
우주의 벽을 허무는가?

운명은 손바닥 안에

인생은 손금을 보듯
손바닥 속에 운명은 놀고 있다

주먹을 쥐면
손가락 사이로 날아가고
손을 펴면
삶의 지표가 펼쳐진다

눈높이에 따라서
인생은 포도송이처럼
들숨 날숨 하듯
음과 양은 파문을 일고

주먹을 움켜쥐면
심상과 액운의 반란은
주술사에 의해 얽힌 그리움으로
꿈은 다시 노도를 칠까

날개를 접은 둥지 새가 자맥질한다

푸른 하늘의 명경 속을 올려다보면서
고층 건물의 옥상에 배꼽을 걸은 둥지 새가 되어
상하로 좌우로 벽의 강을 발로 노도를 저어가며
눈에 램프를 켜고 하강을 할 때 천태만상의
장막 속에 감춰진 숱한 속살들을 훔쳐보면서
손에 땀을 쥐고 유리창의 오염을 제거하는 마술사다

'나'라는 사람은 누구란 말인가?
나의 발밑에 온 세상이 있다는 통쾌함을 위안 삼으며
삶과 죽음의 생명줄을 타는 곡예사로
바람의 그네를 타고 하늘에 노을 치듯
창문의 묵은 때를 흡혈귀처럼 빨아 먹는다

나는 사랑하는 가족들을 위해서라면…
목숨을 건 슈퍼맨이 되어 바람과 공유를 해야 한다
내 가슴이 먹먹해지고 눈시울만이 전율을 느껴도
내 영혼을 찬미해야 하는가?

그래도 나는 저승으로 가는 모험의 사다리를 타고
허공에서 자맥질해야만 한다는 사실은 생시이다

매력이 넘치는 뉴질랜드의 북섬

북섬은 화산지대로 온천수와 호수들의 수량이 많아서
증기가 무럭무럭 펄럭이는 구름의 나라다 오클랜드는
뉴질랜드 최대의 항구도시로 국제무역과 상공업은 물론
교통 경제 문화의 중심지 북섬의 관문에 국제공항이 있고
웰링턴으로 수도가 이전되기 전까지 식민지 시대의 수도
에덴동산은 가장 유명하고 흥미 있는 관광명소로

전망대에서 도시 전체가 한눈에 내려다보이는 곳 경관은
멀리 와이테마타 항구에서 반짝이는 바닷물이 너울대고
동쪽 코발트빛 바다에 은빛 요트들이 펄럭이며
자유분방하게 바다를 가르며 아름다운 조화를 이룬다
하우라키만에는 늘어서 있는 전 세계의 상선들과
크루즈선으로 항상 붐비고 또한 시민 1인당 요트 개수가
가장 많은 돛배의 천국도시라는 별칭를 가지고 있어
시민들은 강에서 취하고 바다에 마음을 묻는 시간과
자연이 준 황홀감을 가슴에 담는 와이헤케 섬과 데푸케 해안
부서지는 파도의 화음처럼 지친 여행객들의 심신을 달래주고

세계 8대의 불가사의 중의 하나인 '와이토모 동굴'은
반딧불이 동굴로 세계에서 유명한 관광지는
반딧불이가 수놓은 동굴천정에 은하수처럼 반짝거리고
마오리 원주민들의 문화와 역사가 살아 숨 쉬는

온천도시인 로토루아 호수를 구름처럼 바라보면서
폴리네시아 풀 온천욕은 피부와 질병에 효과적인 유황온천은
야외수영과 온천욕을 동시에 즐길 수 있는 자연 친화적 명소다

원시족인 마오리 원주민들의 전통 민속의 쇼는
다재다능한 묘기를 연출하는 인간의 원초적 본능을 보면서
음식문화는 지혈을 이용한 전통요리인 항이식 식사도 맛보고
로토루아 주변 관광명소인 레드우드 수목원에서 삼림욕과
파라다이스 밸리 송어양식장을 견학하며 자연의 섭리를 깨닫는
테푸이아(Te puia)의 민속촌에서
마오리 원주민들의 생활상과 문화를 감상하고
새로운 세상의 터널 속으로 감흥에 도취된 채
간헐천과 진흙 열탕의 생생한 체험으로
동화 속의 주인공이 되어보고 온천욕으로 쌓인 여독을 푼다

아그로돔 농장을 방문하여 알카파 사슴 양치기 시범 등
뉴질랜드의 전형적인 농장을 재현해보는 생활체험으로
공연장에서 펼쳐지는 양털 깎기 쇼를 실감나게 구경한 후

오클랜드 시내 관광과 빌딩의 스카이 타워에 올라가
시가지 전경과 타워 위에서 다이빙하는 쇼를 공감하면서
목석인들 입을 벌리고 신음을 하지 않을 수가 있을까?

뉴질랜드는 자연에 원칙은 자연에 맡겨서
자연의 스스로가 치유할 수 있도록 하는 정책으로
관광객은 발자취 외는 남기지 말고 사진 외는 가져가지 말라 한다
사람은 자연으로부터 많은 혜택을 받지만
인간에게 자연은 결코 정복당하지 않는다는 것이다

하늘을 찌르는 원시림 거목의 아름다움에 가슴이 터질 듯
눈으로 즐기고 가슴으로 담아가는 신비로운 세계는
1만 2,000년 전의 자연들과 함께 호흡을 하면서
세계의 지도 위에 큰 획의 한 발자국 한 발자국을 남기리라
푸른 하늘에 무수히 반짝이는 별과 달빛이
내 창가를 기웃대는 먼 이역의 남태평양 섬의 호텔에서
찡하고 콩닥거리는 가슴이 시리도록 행복감에 젖노라

파라다스의 별

옥황상제의 나라
별들이 속삭이고 있다

푸른 바다에
한 방울씩 먹물이 떨어진 곳
국경과 시샘 없는 평화지대
자유의 독립국가다

물새 발자국처럼
몽상의 화석인가?

용왕의 거북선은
보물섬의 지하 저장고
푸른 망망대해를
등대처럼 지키고 있다

산막에서 우주를 보면

빛의 안테나는 우주의 모태로
언어의 자석을 달고서
자유분방한 노을빛 닻을 내리고
포도알처럼 터질 듯 말 듯 한
영혼의 쉼터에 앵두 같은 꽃망울들
해바라기의 안무가 되어
물안개의 허리를 잡고서
은하수의 강을 건너가는
구름의 찻집에서 노닐면서
온 세상 찬미하는 노래를 부르니
자연의 숲에서는
나를 치유하듯 좌절은 없다
산은 사람을 품지만 사람은
산을 품을 수 없고 보듬어볼 뿐이다
자연 앞에서는 한없이 작아지는데
숲은 나를 부르면
달빛이 머물고 간 자리에
하늘바다를 이루는 소우주는
노을빛 치마에 감싸고 있듯
산막은 외로움과 기다림이다

겨우살이

숲의 손등을 타고 바람 그네로
가슴이 출렁이는 허공의 파도여
어지러운 창연의 공간 사이에서
화락(和樂)의 비루함이여

크낙새처럼 나무 허리에 둥지 틀고
누군가 보듬어야 할 저린 가슴에
세속의 더부살이로 태어나서
세파의 피곤함에 짓눌려도
한 줄기 희망의 빛에 줄무늬 타고
소망의 끈을 놓지 않고 있는 너
심산유곡의 우림 속에서
나부끼는 미추의 영혼들이여

남의 혈맥을 먹고 사는 너는
숲속의 입술이어라
살얼음 속에서도 겨우살이는
주름진 얼굴을 묻고도 오롯이
별빛 보석의 맥을 이루는구나
우리네 또한 천지를 공유하며
지구에 더부살이를 하고 있음을…!

마음 가지치기

삶의 웃자란 것을 가지치기로
과욕을 막고 튼실한 열매를 키우며
콩닥거리는 가슴속의 트라우마는
바람개비로 돌고 돌면
재단 위에 앉아 눈물 흘릴 때
손수건으로 닦아줄 묘령(妙齡)의 산실

고목에도 꽃이 필 날이 오면
거울 앞에서 누각의 현실을 보라
지각변동에 따라서
세상 꽃바람의 파도타기 함께했던
지난날의 지순한 사랑

광야에 떠오르는 샛별은
희망이고 미래의 꿈이었노라
삼라만상은 자연의 질서를 유지하며
세월의 환각으로 바라보니
망령(妄靈)들이 창궐하는 미지의 세계

마(魔)의 주문의 덫에 걸려서
푸른 멍으로 모자이크를 찍는
민낯으로 포장된 괴물이 득실거리는

안개 속에서 맥박 소리가
영혼의 지문을 지워가려면

탐욕의 때를 각혈로 토해놓고
어리석은 마음의 먼지들을 털면
새로운 인생을 발견하리라
감정 기복의 절제로 범람하는
봇물을 억제하고 성냄의
발자국을 지워야만 깨달음을…

자연은 기만하지 않는다

고향의 폐가에 얽히고설킨
거미줄처럼 뇌리에 새겨진
지난날의 자화상은
몽롱한 세월로 가슴 저며오는데

삶의 속도를 저울질하듯이
꿈을 캐려는 태양의 언덕에서
계절의 꽃 빛깔이 속살을 드러내면
그대의 향기에 곰삭은
노을 꽃이 지는 적멸 신호인가?

구름과 술래잡기를 하다 보면
하늘에 성근 별빛이 조롱하니
노을빛 나그네의 희미해진
삶의 뒷모습은
긴~ 그림자로 헤매고

그대 없는 곳엔 시간이 정지되고
강물도 멈춰버리면
그 누구와 대화를 할 수 있을까
그대 품 안에 고요히 잠들고 싶어라

노을은 웃으면서 운다

우주 만상의 빛 발광(發光)은
바다의 소에서 뛰어넘는 태양
빛살로 생명을 품어주고
노을은 어둠으로 가는 길목에서
온갖 슬픔과 즐거움도 뉘우치며
어둠의 장막으로 묻어버리고

허나, 다시 태어나도 까치놀로
햇살의 그림자가 되어서
산과 바다 위에 몸을 담근다
하지만, 매일 태어나서
황홀하게 죽는 것도
어찌, 축복이 아니겠는가?

노을 앞에서 눈물을 보이지 말라
시작과 끝이 없으니
새롭게 태어나고 새롭게 시작하니
삶을 슬퍼하거나 노하지 말라

지오그래픽

꼬리가 꼬리를 무는 생각들
발자국이 켜켜이 쌓은 그리움은
뇌성으로 번쩍거린다

눈을 시리게
파란 하늘과 바다가
한 폭의 화폭이 되어
지오그래픽(Geographic)을
산란을 하니~

대자연의 숲속에서
마음을 녹이고
세월의 깊이와 무게가
심연으로
꿈의 날개를 펼친다

숲속의 항구에 가면

숲의 항구에
바람이 나뭇잎 밟고 가는 소리에
가슴 설레던 그리움도 자욱하니
민들레 꽃씨로 날려 보내고
냇물은 제, 몸끼리 부딪혀 물보라 피우는데

굴참나무의 마른 잎새는
하얀 밤에서 떨고 우는데
칭얼대는 산울림은 속절없네

시야에 희뿌연 바람만 날리고
산허리를 휘감고 가는
기찻길에 휑하니 사라지는
막차의 기적 소리는
가슴이 무너지듯 외로움만 남기니
추억만을 곱게 접어야 하나

허허로운 삶이란
바람의 초록 눈물인가 보다
산막(山幕)에는
휘파람 소리만 자욱하다

효[孝] 문화의 산실

웅비 김 효 태

孝

사랑이고
희생이다

孝 + 孝

공생하는
믿음이다

사상이다
섭리이니까

孝 ☀ 孝

진리이다
지혜의
샘물이니까

울고 웃는다
감흥이
있기 때문에

孝

심안의 근본이니
하늘이
준
天子

문학세계대표작가선 861

삶의 언덕에 꽃등이 켜질 때

김효태 시집

인쇄 1판 1쇄 2018년 8월 8일
발행 1판 1쇄 2018년 8월 15일

지 은 이 : 김효태
펴 낸 이 : 김천우
펴 낸 곳 : 도서출판 천우
등 록 : 1992. 2. 15. 제1-1307호
주 소 : 서울시 성동구 무학봉28길 6 금용빌딩 2F
전 화 : 02)2298-7661
팩 스 : 02)2298-7665
http://moonhak.wla.or.kr
E-mail : chunwo@hanmail.net

© 김효태, 2018.

값 13,000원

* 도서출판 천우와 저자의 서면 동의 없는 무단 전재 및 복제를 금합니다.
* 저자와의 협의에 따라 인지는 생략합니다.

ISBN 978-89-7954-728-3

이 도서의 국립중앙도서관 출판예정도서목록(CIP)은 서지정보유통지원시스템 홈페이지(http://seoji.nl.go.kr)와 국가자료공동목록시스템(http://www.nl.go.kr/kolisnet)에서 이용하실 수 있습니다. (CIP제어번호: CIP2018023724)